数字化时代下中华优秀传统文化的推广模式与实践研究

王 露 著

吉林文史出版社

图书在版编目（CIP）数据

数字化时代下中华优秀传统文化的推广模式与实践研
究 / 王露著. — 长春：吉林文史出版社，2024.4
ISBN 978-7-5752-0175-9

Ⅰ. ①数… Ⅱ. ①王… Ⅲ. ①中华文化－研究 Ⅳ.
①K203

中国国家版本馆 CIP 数据核字（2024）第 080807 号

数字化时代下中华优秀传统文化的推广模式与实践研究
SHUZIHUA SHIDAI XIA ZHONGHUA YOUXIU CHUANTONG WENHUA DE TUIGUANG MOSHI YU SHIJIAN YANJIU

出 版 人　张　强
著　　者　王　露
责任编辑　杨　卓
出版发行　吉林文史出版社
地　　址　长春市福祉大路 5788 号
邮　　编　130117
电　　话　0431-81629364
印　　刷　武汉鑫佳捷印务有限公司
开　　本　710mm×1000mm　　1/16
印　　张　9.75
字　　数　170 千字
版　　次　2024 年 4 月第 1 版
印　　次　2024 年 4 月第 1 次印刷
书　　号　ISBN 978-7-5752-0175-9
定　　价　68.00 元

前言

在这个数字化飞速发展的时代，文化传承和推广面临着前所未有的机遇与挑战。中华优秀传统文化作为中华民族的瑰宝，历经千年而不衰，凝聚着深厚的历史底蕴和丰富的文化内涵。然而，随着社会的不断发展和科技的飞速进步，中华传统文化的传承与推广也需要与时俱进，寻找适应数字时代的新路径。

本研究旨在深入探讨数字化时代下中华优秀传统文化的推广模式与实践，系统分析其中的定义、特点、变革以及在现代社会中的关系。通过对数字化推广模式的深入剖析，本研究将揭示数字化技术在中华传统文化推广中的应用现状，并提出创新性的推广理念、策略和方法。

第一，本研究将聚焦于数字化时代中华传统文化的概述，明晰传统文化在数字化时代中所面临的变革和与现代社会的关系。通过对中华传统文化的定义、特点以及数字化时代的变迁进行细致分析，我们能够更好地理解这一宝贵文化遗产在当代的生动表现。

第二，通过对数字化时代中华传统文化的推广模式进行深入剖析，本研究将探讨传统文化数字化推广的基本理念、社交媒体与数字平台的角色、跨界合作与创新推广模式，以及数据分析与个性化推广策略等方面。在信息技术迅猛发展的当下，这一部分将为传统文化的数字化推广提供有力的实践指导。

第三，本研究将聚焦于数字技术在中华传统文化推广中的应用，包括虚拟现实、人工智能和移动应用等方面。通过深入研究这些数字技术的应用场景和效果，我们可以为数字时代传统文化的推广提供更为精准的手段。成功案例研究作为本研究的重要组成部分，将通过实地考察和翔实的案例分析，揭示数字化时代下成功推广的中华传统文化项目。通过对案例的深入剖析，我们可以挖掘成功的关键因素和经验教训，为其他类似项目提供可借鉴的经验。

第四，本研究将深入分析中华传统文化数字化推广所面临的挑战与难题，包括法律与文化保护的冲突、伦理问题、技术与设备的限制，以及用户接受度与文化认同的问题。通过对这些方面的深入剖析，我们能够全面认识数字化推广所涉及的复杂问题，并为解决方案的制定提供参考。推广效果评估与社会反馈是本研究的另一关键内容，通过构建全面的评估指标体系、深入分析社会反馈与舆论，以及通过用户调查与反馈收集，本研究将为数字化时代中华传统文化推广的实际效果提供科学客观的评价，为推广者提供改进的方向。

第五，本研究将对研究发现进行总结，并展望未来。通过对数字化时代中华传统文化推广的启示，以及对技术创新的趋势和跨文化交流的深化进行展望，我们可以为未来的研究和实践提供有益的参考。

本研究力求在对数字化时代中华传统文化推广的全面探讨中，为学术研究和实践应用提供深刻的理论支持和实用性指导。通过对中华传统文化数字化推广的深入研究，我们期待能够在传统文化与现代技术的融合中，为传承中华文明、促进文化多样性作出积极贡献。

目录

第 一 章

导 论

第一节 研究背景与动机

一、研究背景

（一）科技迅猛发展与数字化时代

科技的迅猛发展在引领着数字化时代的来临，对人们的生活方式、沟通方式和信息获取方式产生了深刻的改变。首先，科技的发展使得人们的日常生活变得更加便捷和高效。移动设备、智能家居等科技产品的普及，使得人们可以随时随地获取信息、进行沟通，并享受各种个性化的服务。这种数字化的生活方式，使人们的社交、工作、娱乐等方面都发生了根本性的变化。

与此同时，科技的迅速发展也导致了文化传播方式的数字化转变。在数字化时代，互联网成为连接全球的信息网络，社交媒体平台充当着文化传播的重要媒介。传统文化得以在互联网上更广泛、更迅速地传播，呈现出前所未有的生命力。通过在线视频、社交分享，人们能够轻松地了解和分享中华传统文化的方方面面，促使其在数字时代的传播更为活跃。

数字化时代重新定义了文化传播的形式。传统的文化机构和内容创作者通过数字平台能够直接面对全球受众，实现文化传播的全球化。同时，用户在数字化时代具有更加活跃的参与性，他们通过互动、评论、分享等方式参与到文化传播的过程中，形成了多元化、交互性的文化传播模式。这种数字化的文化传播方式既为传统文化注入了新的活力，也为广大用户提供了更加丰富的文化体验。

（二）传统文化面临的机遇与挑战

数字化时代为传统文化的传承和推广提供了前所未有的机遇，为其注入了新的动力。首先，数字化使得传统文化能够更广泛地传播。通过互联网和数字平台，传统文化可以跨越地域和国界，直接面对全球受众。这为传统文化打破传播的时空限制，实现全球化传播提供了巨大的机遇。其次，数字化提升了传统文化的传播效果。通过多媒体、互动性强的数字化形式，传统文化能够更生动、更直观地呈现给受众，提高了受众的参与度和接受度。这有助于激发受众对传统文化的兴趣，促使其更深入地了解和体验。

然而，数字化浪潮也带来了新的挑战，使得传统文化面临一些困境。首先，数字平台上的传播方式可能影响传统文化的原汁原味呈现。在数字化时代，信息传播更注重图文并茂、简洁直观的特点，这可能导致传统文化在数字平台上呈现的过程中产生变化，失去了一些原始的文化特色。其次，数字平台上的信息过载也成为传统文化推广的挑战之一。人们在互联网上获取信息的方式更加多样和迅速，而传统文化需要在众多信息中脱颖而出，吸引受众的关注，需要更为精准和巧妙的推广策略。

因此，传统文化在数字化时代既面临了机遇，又面临了挑战。有效利用数字技术的同时，也需要认真思考如何保持传统文化的纯粹性和独特性，以及如何在数字平台上找到适当的传播方式，使传统文化在数字化时代中既能够融入现代社会，又能够保留其独特的历史和文化价值。

（三）中华传统文化的丰厚底蕴

中华传统文化承载着丰富的千年智慧，不仅仅是一种文化形式，更是中华民族的精神基因。其深厚的底蕴体现在对人类生活、道德伦理、社会制度等多个方面的全面思考和积累。作为千年智慧的承载者，中华传统文化不仅在历史长河中沉淀了丰富的文学、艺术、哲学等成果，更在日常生活中蕴含着深刻的道德理念和行为规范。这种文化的特质不仅体现在传统的经典文献中，还通过世代相传的习俗、礼仪、文化活动等方式贯穿于人们的生活。

然而，面对数字化浪潮，中华传统文化的传承与推广问题变得愈加紧迫。这种紧迫性主要体现在数字化时代对文化传播方式的全新要求。传统文化需要适应现代社会的快节奏和多元化需求，以吸引更广泛的受众。同时，数字化时代的信息传播更加迅速和碎片化，对于传统文化的传承提出了更高的挑战。因此，通过结合现代科技手段进行深入研究，探讨如何在数字平台上更好地传播中华传统文化，成为亟须解决的问题。

三、研究动机

数字化时代对中华传统文化的传承和发展提出了新的需求，这是本研究的首要动机。首先，传统文化在数字时代需要创新思路以适应现代社会的多元化和快速变化。数字化时代的文化传播方式与传统方式存在差异，因此传承和发展中华传统文化需要更具前瞻性和创新性的思考。只有通过深入研究数字化推广模式，才能更好地应对这一新的挑战，实现文化传承与发展的无缝衔接。

其次，实践经验迫在眉睫。文化机构、企业和政府在制定相关政策和策略时亟需实践经验的支持。数字化时代的传播形式和受众需求与传统时代存在显著不同，因此需要通过实践总结有效经验，以更好地指导相关机构的决策和行动。本研究的实证分析将聚焦于成功和失败的案例，深入挖掘其中的经验教训，为相关机构提供在数字化时代中推广中华传统文化的实用指南。

另一方面，深入分析数字化推广的特点对于全面了解其规律和影响因素至关重要。数字化推广不仅仅是在传统基础上简单应用数字技术，更是需要深刻理解数字化时代的社会、文化和技术变革，以便更有效地制定推广策略。通过对数字化推广的深入分析，本研究旨在揭示其中的规律和特点，为相关机构提供有针对性的战略建议。

第二节　研究目的与问题

一、研究目的

本研究旨在深入探讨数字化时代下中华优秀传统文化的推广模式，以实现以下研究目的。首先，研究旨在阐述数字化推广的核心理念，深入挖掘在数字化时代中，如何更有效地将中华传统文化推广到广大受众，明确推广过程中的核心理念与原则。通过深入研究数字化推广的理念，可以为相关机构提供在数字时代推广中的战略指导和思维方式。

其次，本研究旨在分析文化传承中数字技术的应用效果。通过实证研究数字技术在文化传承中的实际应用效果，研究将为优化推广模式提供客观数据支持。这有助于全面了解数字技术在中华传统文化推广中的实际影响，为未来推广策略的制定提供科学依据。

再次，研究的第三目的是提供成功案例和经验教训。通过收集成功推广案例，本研究将总结数字化时代下成功推广的中华优秀传统文化项目，探究其成功之道。同时，深入分析失败案例，总结其中的经验教训，为其他推广项目避免类似困境提供借鉴。这样的案例研究将有助于形成推广的最佳实践，为实际推广工作提供宝贵的经验参考。

最后，研究旨在为相关机构提供实用指南。基于研究成果，将制定推广策略与政策建议，为文化机构、企业和政府提供创新的推广策略和相关政策建议，以推动中华传统文化在数字化时代的发展。同时，通过对成功案例的分析，提炼出实践指南，为推广者提供具体可行的操作建议，帮助其更好地开展数字化推广工作。这将使研究成果更具实践指导性和可操作性，为中华传统文化在数字化时代的推广提供全方位支持。

二、研究问题

本研究旨在深入探讨中华优秀传统文化在数字化时代的推广模式，明确数字技术在文化传承中的应用效果，并围绕以下研究问题展开：

首先，关注中华传统文化在数字化时代的机遇与挑战。在机遇方面，数字化时代为中华传统文化传承带来了广泛的传播途径和丰富的传承手段。本研究将深入探究这些机遇，分析数字化时代如何推动中华传统文化的传承。同时，关注传统文化在数字化平台上可能面临的困境，包括信息过载、内容失真等问题，以全面认识数字化时代传播环境是中华传统文化的处境。

其次，研究社交媒体和数字平台在传统文化推广中的角色。社交媒体作为传播媒介在中华传统文化推广中发挥着重要作用，具有广泛的传播渠道和互动性。本研究将深入研究社交媒体在中华传统文化推广中的具体作用，探讨其在信息传递和互动交流方面的优势。同时，对数字平台的内容呈现方式和传播效果进行深入剖析，考察其对中华传统文化推广的影响。

最后，关注数字技术在中华传统文化推广中的应用效果。研究虚拟现实技术在传统文化推广中的应用，深入分析其为用户提供的文化体验效果。同时，了解人工智能在中华传统文化研究与推广中的应用效果，包括智能推荐、个性化服务等方面。通过对这些数字技术的应用效果进行全面研究，可以为未来中华传统文化数字化推广提供实证数据和科学依据。

第三节　研究范围与限制

一、研究范围

（一）数字化时代下中华优秀传统文化的推广

在数字化时代下中华优秀传统文化推广的研究中，我们将设定研究范围以深入探讨数字技术的应用和推广模式的特征，旨在全面了解中华传统文化在数字化时代中的推广现状和效果。

首先，研究将重点关注数字技术的应用。随着科技的飞速发展，数字技术成为推动文化传承和推广的新引擎。我们将聚焦于虚拟现实、人工智能、移动应用等数字技术在中华传统文化推广中的创新应用。通过对这些数字技术的深入研究，我们能够揭示它们在传统文化推广中的作用机制、效果和潜在问题。这将为未来的文化推广工作提供创新的思路和实践经验，有助于更好地将中华传统文化融入现代社会。

其次，研究将着重进行推广模式的深入研究。不同的数字化推广模式对中华传统文化的传播产生着不同的影响。我们将分析社交媒体推广、跨界合作、个性化推广策略等不同推广模式的特点和效果。社交媒体作为信息传播的重要平台，其在中华传统文化推广中的角色至关重要。跨界合作则能够借助其他领域的资源和影响力，拓展传播渠道。个性化推广策略则能更精准地满足不同受众的需求。通过对这些推广模式的深入研究，我们能够总结出它们各自的优势和局限，为推广者提供科学的指导，帮助他们制定更有效的推广策略。

（二）数字技术的应用、推广模式及效果

数字技术在中华传统文化推广中的应用涵盖了虚拟现实、人工智能和移动应用等多个领域。首先，虚拟现实技术为用户提供了沉浸式的文化体验，使他们能够仿佛置身于历史场景或文化场所。通过虚拟现实，用户可以亲身感受传统文化的魅力，加深对文化内涵的理解。然而，随之而来的挑战包括技术成本高昂、设备要求较高，以及用户接受度的不确定性。

其次，人工智能在传统文化推广中发挥着智能化解读和个性化推荐的作用。

通过分析用户的兴趣和偏好，人工智能能够为用户提供个性化的文化推广内容，提高用户的参与度和体验感。然而，随之而来的隐私问题和算法不透明性也需要引起关注，需要在技术应用的同时充分考虑用户隐私保护和公平性。

移动应用作为一种灵活便捷的传播媒介，为传统文化推广提供了广泛的传播途径。通过移动应用，用户可以随时随地获取文化信息，参与互动体验。但在移动应用推广中，用户留存率和内容更新的频率成为关键因素，需要精心设计以提高用户粘性。

推广模式的效果分析涵盖了社交媒体、跨界合作和个性化推广策略等多个方面。社交媒体作为信息传播的主要平台，能够迅速传播文化信息，扩大影响力。然而，社交媒体上信息的碎片化和质量参差不齐也对传播效果提出了挑战。跨界合作通过整合不同领域的资源，拓展传播渠道，提高传播效果。但合作伙伴选择和合作模式的设计需要谨慎，以确保共同利益。个性化推广策略通过精准定位用户需求，提供个性化服务，提高用户满意度。但在实施个性化推广时需要注意隐私问题，以免引发用户反感。

数字技术在中华传统文化推广中发挥着重要作用，但在应用过程中需综合考虑技术、用户体验和社会问题。推广模式的效果分析则需要在深入了解每种模式的特点和局限性的基础上，综合评估其在数字化时代下的推广效果，为进一步优化推广策略提供科学依据。

二、研究限制

（一）有限的研究资源和时间

在本研究中，有限的研究资源和时间带来了一些深入剖析的限制，同时也存在对新兴技术应用的不充分涵盖，这两方面的限制都对研究的全面性和实际应用产生一定的影响。

首先，由于时间和资源的有限性，我们可能无法对某些特定细节进行深入剖析。深入剖析通常需要更多的时间和专业资源，以深入挖掘特定领域的研究问题。在本研究中，这可能导致在某些具体领域的研究不够全面。例如，特定数字技术的应用、某一推广模式的详细分析等方面，可能因为时间和资源限制而无法得到充分地关注。为了弥补这一限制，研究者需要在有限的资源下寻找最具代表性和关键性的研究点，以确保整体研究的深度和广度。

其次，数字化时代的快速发展使得一些新兴技术的应用可能未能充分涵盖。

研究的时间有限，可能无法覆盖最新的数字技术应用情况，尤其是一些近期涌现的技术。这可能导致研究在某些方面无法捕捉到最新的数字化推广趋势和技术变革。为了解决这一问题，研究者可以通过关注相关领域的最新文献、专业媒体报道以及行业动态，及时更新研究框架，以保持研究的前沿性。

在面对这些限制时，研究者可以通过在研究设计中明确定义研究的重点领域，确保深入剖析的同时也不失全局性。同时，关注行业的最新动态，及时更新研究内容，以保持研究的实用性和前瞻性。

（二）数字化时代的迅速发展

数字化时代的迅速发展在研究中带来了一系列挑战，其中主要包括新技术可能被忽视和推广效果短期评估两个方面，这些挑战对研究的全面性和深度提出了一定的要求。

首先，数字化时代的技术更新速度快，可能导致研究无法及时跟进最新的数字技术发展。由于新技术层出不穷，研究者在有限的时间内难以涵盖所有新兴技术的应用情况。这可能使得一些具有潜在推广价值的新技术被忽视，从而影响研究的全面性。为解决这一问题，研究者可以通过定期关注相关领域的最新研究、专业报告以及行业会议等方式，保持对新技术的敏感性，及时调整研究方向，确保研究在方法和内容上保持前瞻性。

其次，由于时间限制，研究可能仅能对推广效果进行短期评估，长期效果的研究存在一定的局限性。数字化时代中华传统文化推广项目的长期影响可能需要更长时间的观察和研究。短期评估可能无法捕捉到项目在推广初期的效果与随着时间推移逐步显现的深层影响之间的差异。为弥补这一不足，研究者可以在短期评估的基础上，设计长期追踪方案，对项目的长期推广效果进行观察和分析。这有助于更全面地了解数字化时代中华传统文化推广项目在时间维度上的发展趋势，提高研究结果的可信度和实用性。

数字化时代的迅速发展给研究带来了新的考验，需要研究者在有限的时间内更灵活地调整研究方向，关注最新技术发展，并通过合理设计长期观察方案来更全面地理解推广效果的长期影响。

第四节　研究方法与数据来源

一、研究方法

（一）文献综述

文献综述在数字化时代中华传统文化推广研究中扮演着重要的角色，通过深入梳理相关研究成果，我们能够全面了解前人在这一领域的研究现状和取得的成果，从而为本研究提供理论支持和研究方向。

首先，通过对数字化时代中华传统文化推广的相关文献进行深入梳理，我们能够系统性地了解前人在这一领域的研究动态。这包括学术期刊、会议论文以及专业书籍等多种形式的文献。在综述的过程中，我们将关注研究的主要方向、关键问题和研究方法。这样的深入梳理不仅有助于了解学术界对数字化时代中华传统文化推广问题的认知，也为我们指明了前人的研究重点和热点。通过对前人研究成果的全面梳理，我们能够在学术上建立对该领域的整体认知，为后续研究提供宝贵的经验和参考。

其次，文献综述对于确立研究框架与理论基础具有重要作用。在综述的过程中，我们将深入分析前人研究中所使用的理论模型、分析框架和研究方法。通过对这些理论和方法的审视，我们可以辨别其适用性和局限性，为本研究的理论建设提供有力支持。同时，文献综述还能够帮助我们发现前人研究中可能存在的研究空白，为我们的研究提供创新点。确立研究框架与理论基础将有助于明确本研究的研究目标、问题和方法，为后续研究提供明确的理论导向。

通过对数字化时代中华传统文化推广的相关文献进行深入梳理，本研究将能够全面了解前人在该领域的研究成果，为研究提供理论支持和研究方向。在综述的基础上，我们将建立清晰的研究框架和理论基础，为后续的案例分析和定性研究提供有力的理论支持。

（二）案例分析

案例分析是本研究的关键步骤，旨在深入挖掘数字化时代下中华传统文化推广的成功与失败案例，从中总结出推广模式和策略的关键因素，为推广实践提供经验教训。

首先，通过对成功案例的深入挖掘，我们可以了解到在数字化时代中，一些推广项目是如何成功实现中华传统文化的数字化推广的。例如，故宫博物院通过虚拟现实技术，成功地将传统文化带入现代人的生活，拓展了受众群体，激发了公众对传统文化的兴趣。在案例分析中，我们将深入剖析这些成功案例的推广模式、策略和关键成功因素，揭示背后的逻辑和原理。通过对成功案例的深度分析，我们能够提炼出推广中的通用规律和成功经验，为未来的推广工作提供有力的指导。

与成功案例相对应，对于失败案例的分析同样具有重要的价值。通过深入研究数字化时代中华传统文化推广中的失败案例，我们能够找到其中的问题根源和教训。例如，一些过度商业化或技术依赖导致的失败案例，为我们提供了在推广过程中需要避免的陷阱。通过对这些失败案例的深入分析，我们能够总结出一些普适的教训，为推广者提供在数字化时代中避免失败的关键因素，帮助他们更明智地制定推广策略。

其次，建立推广模式的综合评估体系是案例分析的重要目标之一。通过对多个案例的综合评估，我们可以形成数字化推广模式的综合评估体系，包括但不限于推广效果、用户满意度、文化传承效果等方面的指标。这个评估体系将为未来的推广项目提供科学的指导，使推广者能够更全面地了解数字化推广的效果，并及时调整策略。

通过深入挖掘成功与失败案例，并建立数字化推广模式的综合评估体系，本研究将为数字化时代下中华传统文化推广提供实证支持和科学指导。

（三）定性研究方法

定性研究方法在数字化时代中华传统文化推广研究中具有重要价值，其中主要包括专家访谈和用户调查两个方面。

首先，专家访谈是深入了解数字化时代中华传统文化推广领域的专业见解的重要手段。通过与数字化时代中华传统文化推广领域的专家进行深入访谈，我们能够获取到行业内部的动态和趋势。专家们通常具有丰富的从业经验和深刻的行业理解，他们的见解能够为研究提供重要的理论支持和实践经验。专家访谈将关注数字化技术在文化推广中的应用趋势、成功案例和挑战，通过与专家深入交流，我们能够获得对于数字化时代中华传统文化推广的深度见解。这将有助于为研究提供行业内部的权威意见，提高研究的深度和广度。

其次，用户调查是收集用户对数字化推广的态度、反馈和需求的有效手段。通过设计并实施用户调查，我们能够获取到受众群体的直接反馈，了解他们对数字化时代中华传统文化推广的认知和期望。调查内容可以涵盖用户对推广项目的评价、参与程度，以及对中华传统文化的理解等方面。通过这一手段，我们能够更全面地了解受众的需求和喜好，为推广模式的优化提供实际参考。用户调查将使研究更贴近受众，提高研究的实用性和可操作性。

专家访谈和用户调查作为定性研究方法，能够在数字化时代中华传统文化推广研究中提供重要的实证支持。通过深入了解专业领域的专家见解和受众的直接反馈，本研究将能够更全面、深刻地认识数字化时代下中华传统文化推广的实际情况，为推广工作提供更有针对性和实践性的建议。

二、数据来源

（一）网络文献

在数字化时代下，网络文献成为研究中华传统文化推广的重要信息源。首先，通过检索国内外学术期刊与会议论文数据库，我们能够获得关于数字化时代中华传统文化推广的丰富研究成果。国内外学术期刊提供了学者们在这一领域的最新研究成果，包括理论研究、实证分析和方法探讨等方面的论文。这些学术论文不仅可以为文献综述提供理论依据，还能够为本研究提供深度的学术支持。通过系统地整理、评估这些学术论文，我们能够全面了解数字化时代中华传统文化推广的理论体系、方法论和实证研究现状，为后续的研究提供坚实的基础。

其次，行业报告和研究机构发布的数据也是不可忽视的重要信息来源。通过获取这些行业报告，我们可以了解数字化时代中华传统文化推广的趋势和市场状况，洞察相关产业的发展方向和市场需求。这些报告通常由专业机构进行深度研究和分析，具有较高的可信度。同时，研究机构发布的数据也为我们提供了数字化时代下中华传统文化推广的定量信息，如用户群体特征、推广效果评估等，为本研究提供了实证数据基础。通过对这些行业报告和研究机构数据的深入解读，我们可以更好地了解数字化时代中华传统文化推广的实际情况，把握推广的发展方向和关键问题。

国内外学术期刊与会议论文以及行业报告和研究机构数据构成了网络文献的重要组成部分。它们为我们提供了理论和实证的双重支持，有助于构建本研究的理论框架和方法体系，同时也为我们提供了深入洞察数字化时代中华传统文化推广的实际情况的有力工具。

（二）相关案例资料

在数字化时代，中华传统文化的推广案例呈现出多样性，既有成功的典范，也有面临挑战的失败案例。值得关注的成功案例之一是故宫博物院的数字化推广。故宫利用虚拟现实技术，通过数字化展览和在线文化体验，成功地将传统文化引入现代人的生活中。此举不仅拓展了故宫的受众范围，还激发了公众对传统文化的浓厚兴趣。同样值得一提的是"千年一脉——数字丝路"项目，该项目通过数字化技术在全球范围内展示中华传统文化的魅力，成功将传统文化推向国际舞台，实现了跨文化传播。

然而，也存在一些失败案例，其中之一是由于过度商业化导致的推广失败。有些文化机构在数字化推广过程中过度注重商业价值，结果忽视了对传统文化本身的尊重和保护，导致推广效果不尽如人意。此外，一些推广项目由于对数字技术的过度依赖，未能真正体现传统文化的内涵，使得推广变得虚无缥缈，无法吸引受众的关注。

在这些案例中，成功与失败之间的差异主要在于是否能够在数字化推广中找到传统文化与现代社会的有机融合。成功案例通常注重传统文化的深度挖掘，通过数字化手段使之更贴近当代人的需求；而失败案例则往往偏向于过分商业化或技术依赖，失去了对传统文化的本真理解。因此，对于数字化时代中华传统文化的推广而言，必须在商业利益和文化保护之间取得平衡，真正体现传统文化在现代社会中的价值，以取得更为持久和深远的影响。

（三）用户调查和专家访谈

为深入了解数字化时代下中华传统文化推广的实际效果，本研究将采用用户调查和专家访谈的方法，以获取广泛的观点和深度见解。

用户调查将通过在线问卷的形式进行，覆盖不同年龄、文化背景和教育程度的受众。问卷将聚焦于受众对数字化推广的态度、参与程度、对传统文化的理解以及对推广效果的评价等方面。通过这一手段，我们能够获得大量用户的直接反馈，了解他们在数字化时代对中华传统文化推广的期望和需求。这将有助于更好地把握受众群体的特点，指导推广策略的制定。

同时，为深入了解行业内部的动态和趋势，将进行专家访谈。通过与数字化时代中华传统文化推广领域的专家进行面对面交流，我们能够获取更为深刻的行业见解。专家访谈将关注于数字化技术在传统文化推广中的应用趋势、成功经验与挑战，以及专家对未来发展的预测。专家访谈的深度和广度将有助于为研究提供行业内部的权威意见，使研究结果更具说服力。

通过用户调查和专家访谈两种研究方法的有机结合，本研究将实现对数字化时代中华传统文化推广的全面把握。用户调查提供了广泛的大众观点，反映了受众的直接反馈；而专家访谈则从行业专业角度出发，为研究提供更为深度的理论支持。两者结合将为本研究提供更为全面、多维度的数据，有助于更准确地把握数字化时代中华传统文化推广的实际状况，为未来的推广工作提供科学的建议。

第 二 章
数字化时代中华优秀传统文化的概述

第一节　中华优秀传统文化的定义与特点

一、中华优秀传统文化的内涵

（一）自强不息，刚健有为的进取精神

在中华传统文化中，自古以来就根深蒂固地崇尚着坚韧不拔、革故鼎新的"自强不息"精神，以及艰苦奋斗、勇于担当的"刚健有为"精神。这些精神理念体现了中华民族不断进取、奋发向上的精神风貌，被视为君子人格的楷模。

1.《周易·乾·象》的启示

在经典文化中，《周易·乾·象》中的"天行健，君子以自强不息"引领着中国传统文化中的"自强不息"思想。这句话表达了天道刚健、自然运行不息的规律，启示有抱负和理想的人应当仿效自然，保持刚健不屈的精神，勇往直前，奋发有为。

2.孔子与自强不息的责任感

以孔子为代表的先哲也深刻体现了"自强不息"的精神。孔子身处乱世，却试图转化人心，清理世道。他主张君子应当"食无求饱，居无求安，敏于事而慎于言，就有道而正焉"，表现出强烈的责任感和使命感。孔子的积极向上的生活态度和奋进精神，体现了"自强不息"的思想。

3.孟子的"刚健有为"理念

孟子继承并发扬了"刚健有为""自强不息"的精神。他强调成就大事需要经历苦难和磨难，提出"故天将降大任于是人也，必先苦其心志，劳其筋骨，饿其体肤，空乏其身，行拂乱其所为，所以动心忍性，曾益其所不能"。孟子鼓励人们坚定意志，理性自觉，将挫折、苦难、痛苦看作人生财富，将不屈不挠、拼

搏奋斗作为精神追求。

4.文化创新的重要性

中华传统文化注重创新和求新，如《诗经》中的"周虽旧邦，其命维新"等，强调变革和创新是发展的源泉。中华民族具备自我振兴的不竭动力，这种精神深刻影响了中华文明的发展。

5.时代对自强不息、刚健有为的需求

在国家兴盛和民族繁荣的历史进程中，自强不息、刚健有为成为构建中华民族精神的不竭源泉，是激励仁人志士进行反抗斗争的精神动力。在民族危机时，无数仁人志士挺身而出，力挽狂澜。这些英雄人物的名言如"天下兴亡，匹夫有责"[5] 等，激励着中华儿女在国家、民族面临危难时挺身而出，成为世人敬仰的道德楷模。

（二）宽厚仁爱，礼让诚信的道德追求

中华传统文化以人为本，强调人的价值，具有浓烈的人文精神。经典著作《礼记·大学》中明确指出："自天子以至庶人，壹是皆以修身为本。"[6] 孔子在《论语》中更是提到："吾日三省吾身。"这些经典名言凸显了中华传统文化中对内在修养的高度重视，呼唤个体要时刻关照自己的品德，确保个人行为符合道德规范，不断唤醒内心深处的道德良心。

1.仁爱之道

"仁者爱人"是孔子最早提出的概念，他强调："唯仁者能好人，不能恶人。"这一理念表达了一种内在的善良心态和善意的意愿。孔子通过"己欲立而立人，己欲达而达人"的论述，强调了爱人不仅是一种情感，更是一种积极的道德意志。孟子在此基础上将"仁者爱人"的概念推广到社会伦理的层面，认为"仁者爱人，有礼者敬人。爱人者，人恒爱之；敬人者，人恒敬之。"这一思想引导个体在社会中遵循伦理准则，实现相互尊重、关爱和理解。

2.礼让之德

中国传统文化中一直强调"仁"和"礼"的双重价值。将"仁"作为内心规范，"礼"则作为道德的外在体现形式。在西周时期，统治者注重百姓的教化，通过"六艺"来培养仁爱之风。这在《礼记·曲礼上》中有所体现："道德仁义，非礼不成；教训正俗，非礼不备。"礼教与社会道德教化相互交织，共同塑造社会风俗和礼仪习惯。同时，仁政的实施通过礼教的教化也有助于构建和谐的社会秩序。

3.诚信之基

在中华传统文化中，诚信被视为"进德修业之本""立身之基"。孔子曾提到："人而无信，不知其可也。"强调了信用的不可或缺性。孟子更是把诚信看作"天之道"和"人之道"，认为"至诚而不动者，未之有也；不诚，未有能动者也。"这种对诚信的高度重视体现在个体层面上，要求人们言行一致，真实善良，以建立可靠的人际关系。同时，在社会层面上，荀子将诚信与个人尊严紧密联系，认为"体恭敬而心忠信"是受人尊敬的关键。

（三）致中尚和、天人合一的共生文化

中华传统文化蕴含着丰富的和谐共生思想，弘扬着致中尚和、天人合一的共生文化，这构筑了中华民族贵中尚和的思维方式和行为习惯。孔子曾言："中庸之为德也，其至矣乎！"概括而言，中华优秀传统文化的"和谐"文化主要表现在两个方面：以和为贵的人际交往观和天人合一的生态和谐观。

中华传统文化历来强调平衡与和谐，弘扬以和为贵的思想是中国文化的根本特质和基本价值取向。《论语·子路》提及："君子和而不同，小人同而不和。"君子强调价值观、人生观的一致性，即便在表面存在不同，也只是在表象层面，因为在核心价值观一致的前提下，不同最终会促成社会的和谐。相反，自私自利的小人虽然可能在表面追求一致，但其内在本质是自私自利的，容易导致纷争不断，构成"不和"的状态。孟子曾言："天时不如地利，地利不如人和。"表达了"人和"是完成一切事务的关键，只有"人和"才能实现人际和谐、社会融洽，进而实现天下太平，构建中华民族理想中的"大同世界"。

天人合一的理念将人与自然视为相互依存、不可分割的整体，是中华传统文化中生态和谐的重要组成部分。自然界被赋予生命意义，同时也具有内在的价值，人类应该尊重、热爱、保护自然，并与自然和平共处。《周易》曾言："夫'大人'者，与天地合其德，与日月合其明，与四时合其序，……先天而天弗违，后天而奉天时。"这一思想突显了人与自然相互依存、和谐共生的观念。老子则认为："万物负阴而抱阳，冲气以为和。"[8]在阴阳对立的基础上提出一系列具有辩证法的思想，为古代的和谐观增添了更为丰富的内涵。儒家将"中"视为"天下之大本"，将"和"看作"天下之达道"，强调只有"中""和"一致，社会才能实现和谐。张载提出"民吾同胞，物吾与也"的思想，将人与天地之间的万事万物看作血脉相连的整体，将人与宇宙看作一个大家庭，强调人与自然应和谐相处。正如《周易》曰："乾道变化，各正性命，保合大和，乃利贞。"实现"大

和"的理想境界，遵循自然运行的规律，注重维护生态本身的秩序，实现"天人合一"，达到人与自然的和谐共处，万物共生的境界。

这种致中尚和、天人合一的共生文化不仅是中华传统文化的精髓所在，也是中华民族独有的文化价值观。这一文化对于构建和谐社会、实现人与自然的和谐共生有着深远的影响。

二、中华优秀传统文化的特点

（一）多元性

中国作为一个拥有五十六个民族的国家，展现了独特而丰富的多元性文化。古代形成的"华夏"大部落及其周边的"东夷""南蛮""西戎""北狄"等民族，在和平共处的基础上相互借鉴，逐渐形成了中原文化为主的中华民族文化系统。这一文化系统融合了吴越文化、岭南文化、巴蜀文化和游牧文化等多元民族文化，构建了丰富多彩的文化体系。

在古代的永嘉之乱、安史之乱、靖康之变等历史事件中，中国人口进行了三次大规模的迁徙，导致北方人民将先进的垦殖技术与文化传播到南方。这一迁徙潮流不仅改变了地域经济结构，使中国的经济重心南移，同时也形成了具有深远影响的"客家文化"。客家人以其勤劳、节俭、坚韧不拔的性格，以及特有的语言、服饰、建筑等文化元素，为中国的多元文化增添了独特的一笔。

这种多元性文化不仅体现在物质层面，更深刻地反映在各民族的心理和思想层面。不同民族的文化被视为其心理上的"根"和思想上的"魂"，是民族认同和自我价值的表达。在历史的长河中，各民族在保留自身文化特色的同时，通过交流、贸易等途径，不断学习借鉴其他民族的长处。这种相互吸收、相互借鉴的过程，并非简单的文化交融，更是不同文化之间相互影响、相互塑造的结果。

中国的多元文化得以共同建构了一个多民族的国家实体，形成了中国这一庞大而丰富的文化矩阵。这一独特的文化多样性不仅丰富了中国的文化底蕴，也为全球多元文化的发展贡献了重要的经验和智慧。

（二）包容性

包容性是指特定的文化形态在平等对待和充分尊重其他各种文化形态的同时，以自觉的意识和开放的姿态，积极主动地与对方进行沟通交流，广泛借鉴和吸收其优长，从而不断实现吐故纳新和繁荣发展。这一概念在中华传统文化中得到了重视和强调。中国传统文化历来强调有容乃大，并对待异质文化采取接纳和包容的态度。

中国的包容性文化观在很大程度上反映了中国古代智慧和开放精神。古代中国人民多次与外来文化进行交流和接触，从中汲取营养并逐渐融入自己的文化体系。这一过程不仅丰富了中国文化本身，也为其发展提供了源源不断的动力。

包容性观念在中国古代哲学思想中得到了广泛地探讨和理论化。例如，"大成至善"和"天地人和"的观念都呼唤着和谐共存和包容性，强调个体与整体之间的和谐关系。

中国传统文化中还有许多具体的实践经验和价值观念，体现了包容性的精神。例如，儒家思想中的"仁爱"和"和谐"观念，强调人与人之间的互惠互利和相互尊重，倡导人际关系的平等和睦。此外，中国的信仰文化也对包容性产生了积极的影响。

包容性是中华传统文化中的一个重要观念，其核心是平等、尊重、沟通和互鉴。这一观念不仅在过去对中国文化的发展产生了深远的影响，而且在当今全球化的时代背景下，仍然具有重要的理论意义和实践价值。通过深入研究和理解包容性的思想，可以为当代社会的差异和多元性提供理论指导，并促进文明间的相互交流和共同发展。

（三）传承性

中华传统文化，作为源远流长的文明，绵延数千年，从未断裂，同民族历史一样，具有极强的传承性。中国文化包含了中国一切文化和文明成果，以及独特的风俗习惯。即便习俗的产生与消亡在瞬息之间，但中国传统文化作为具有核心价值的文化，应当被永久传承下去，发挥自身的文化力量。中国在经历了数次朝代更迭、民族交融的过程中，文化始终保持了自身的传承性，从未中断。

尽管中国曾经历了近代的屈辱与教训，但总体上却以"万里长城永不倒"的顽强生命力，在沙场鏖战和改朝换代中保持了历史的一贯性，成为世界上唯一一个不曾中断历史进程的文明古国。中华传统文化经历了辉煌和低谷的时期，但它始终是世界上独一无二、从未断层的文化之一。尽管在某些时期中华传统文化可能被忽视或抛弃，但它必将回归，因为中华传统文化是中国人的"精气神"，只要有中国人存在，这一文化就会得以传承。

这种传承性是中华传统文化的基本特征，永远不会被泯灭。在漫长的历史中，中华传统文化以其深厚的底蕴和独特的价值观念，通过家庭、学校、社会等多种途径，代代相传。无论是经典文学、哲学思想、艺术表现，还是礼仪习俗，中华传统文化都以其传承性贯穿着中国人民的日常生活。这种传承性不仅体现在文本传统上，更融入社会的血脉之中，成为中国社会不可或缺的一部分。

因此，中华传统文化的传承性是其生命力的源泉，也是中国文化得以延续、发展的不竭动力。这一传承性使得中华传统文化在不同历史阶段都能够得以焕发新的活力，为中国人民提供精神支持，同时也为世界文明的多元发展做出了独特而重要的贡献。

三、中华优秀传统文化的当代价值

（一）有利于增强中华民族凝聚力、向心力

1. 文化的本质与民族基因的紧密关系

首先，文化的本质在于它是一种集体记忆的体现，是一代又一代人通过言传身教所传承下来的精神财富。文化的根源可以追溯到民族的起源，其形成与发展受到历史、地理、宗教等多种因素的交织影响。这种历史深度使文化成为一个民族的基因，承载着过去的荣耀、磨难以及智慧。通过对文化的深入研究，我们能够更好地理解一个民族的起源、演变和在全球文明中的独特地位。

其次，文化作为民族基因的体现不仅体现在传统价值观念上，还表现在艺术、语言等多个层面。这种多元性使得文化能够在不同历史时期和社会背景下得以传承，并为民族赋予独特的精神标识。通过深入挖掘文化的各个方面，我们可以揭示其中的深层次逻辑，理解为何某种价值观在特定文化中得以根深蒂固，并且对社会行为产生深远影响。这种专业性的研究有助于拓宽对文化本质的认识，使其超越表面现象，展现出更为丰富和复杂的内涵。

再次，文化不仅是一种静态存在，更是一个不断演变的动态体系。通过对文化的历史演进进行深入研究，我们可以发现文化的适应性和包容性。在不同历史时期，文化往往会吸收外部文明的元素，形成新的融合体系，这种文化的更新迭代是民族生存发展的内在需求。深入了解文化的动态变化，有助于我们更好地理解当代社会的文化现象，并为未来的文化发展提供有益的启示。

最后，文化与民族基因的关系体现在其对社会稳定和民族认同的深刻影响上。文化作为一种共同的价值观体系，是社会成员彼此之间共享的认同基础。在全球化的今天，对文化的理解和保护变得尤为重要。深入研究文化的本质和其与民族基因的关系，不仅有助于推动传统文化的传承与创新，还能够引导当代社会在多元文化冲突中找到共同的价值共识，维护社会的和谐稳定。

2. 文化传承的紧迫性与国家立身之道

首先，全球化的浪潮使得各国之间的文化交流更加频繁，这对于文化传承提出了新的挑战。在信息技术的推动下，文化元素可以迅速传播，但也可能导致传统文化在被全球化的同时失去独特性。因此，面对这一挑战，各国需加强对本土文化的保护与传承，以确保文化的多样性和独特性在全球化的潮流中得以维护。

其次，文化传承的紧迫性在于它直接关系到国家的认同和凝聚力。一个国家的文化是其独特的精神符号，是国民共同的情感纽带。在全球化的冲击下，国家面临着来自外部文化的竞争。因此，文化传承不仅是对过去的致敬，更是对未来的自我定义，是国家立身之道的重要组成部分。

再次，文化传承的紧迫性也表现在对年轻一代的教育责任上。新一代是国家未来的中坚力量，其对文化的认同和传承直接影响国家的未来走向。国家应当通过教育系统、社会机构等多方面的手段，引导年轻人对传统文化的热爱和认同。这不仅包括对历史、文学、艺术等传统文化领域的传承，也涉及对价值观、道德规范等方面的培养，以塑造有文化自信的国民。

最后，国家立身之道需要在文化传承方面找到平衡点。传统文化的传承不能停留在过去的模式中，还需要与现代社会相结合，使其在新时代焕发出新的生命力。国家在推动文化传承的同时，也需要注重文化的创新和发展。这包括对传统文化进行现代化的表达、与其他文化进行对话与融合，以确保传统文化不仅在历史中有渊源，更在未来中有延续。

3. 中华传统文化在当代的价值与作用

中华传统文化作为一种宝贵的文化遗产，不仅具有深厚的历史渊源，而且在当今社会仍然具有重要的价值与作用。

首先，中华传统文化的弘扬有助于提升个体和群体的精神境界。传统文化中包含了丰富的哲学思想、道德规范、人际关系理念等，这些价值观对于个体的人生态度和品质提升具有积极的引导作用。

其次，传承中华传统文化有助于塑造社会的共同价值观，促进社会和谐发展。中华传统文化强调的"仁爱""和谐"等价值观，为社会提供了一种共同的道德基础。弘扬传统文化可以成为社会成员之间建立共鸣的纽带，有助于构建和谐稳定的社会环境，减少社会分裂和冲突。

再次，中华传统文化的传承对于培养国民的文化自信心和认同感具有重要意义。在全球化的背景下，文化自信成为一个国家在国际舞台上自信表达自己核心价值的重要标志。通过弘扬传统文化，人们能够更深刻地认识到中华文化的博大精深，增强对本土文化的自豪感。这种文化自信心的培养有助于国家更加自信地参与国际事务，维护国家形象，推动国际文化交流与合作。

最后，传承中华传统文化有助于提升民族主体意识，促进民众更积极地参与国家建设和发展。中华传统文化强调个体与社会、人与自然的和谐关系，注重社群意识和责任心。这种思想观念有助于培养公民的社会责任感，使他们更加关心社会大局，积极参与公共事务，推动国家的可持续发展。

（二）有助于增强文化软实力

1. 文化软实力与国家综合国力的紧密关系

在当今全球化时代，文化软实力不仅是国家综合国力的组成部分，更是体现国家凝聚力和生命力的标志。首先，文化软实力的重要性在于其对国家形象的塑造和传播。一个国家的文化形象不仅仅是通过政治和经济手段塑造的，更是通过文化传媒、艺术、语言、风俗习惯等方面的软实力展现。丰富多彩的文化表达可以使外界更全面地了解和感受一个国家，从而影响国家在国际上的声誉和形象。

其次，文化软实力在国际社会中具有引导和塑造其他国家认知的作用。通过文化的传播，一个国家能够在全球范围内推动其核心价值观念、社会制度和文化标志的认可。这种影响不仅仅是单一领域的，更是涉及多个方面，如文学、电影、音乐、体育等。国家之间的文化交流和互动有助于减少误解和分歧，促进国际的和平与合作。

再次，文化软实力对国家内部的凝聚力和认同感有着深远的影响。一个国家的文化传统可以成为国民认同的核心，激发国民的爱国情感和社会凝聚力。通过共享文化符号、历史记忆和价值观念，国家能够在内部构建起共同的文化认同，促进社会的和谐发展。这种内部凝聚力也反过来影响国家的对外形象和国际地位。

最后，中华传统文化在文化软实力的构建中发挥着独特的作用。中华传统文化秉承了博大精深的哲学思想，注重和谐、仁爱、孝道等核心价值。这些价值观在国际社会中具有普世性的吸引力，有助于提升中国在国际上的文化认同度。例如，中国的传统医学、武术、茶道等文化元素在世界范围内受到广泛关注和认可，为中国树立了独特的文化形象。

2. 文化实力与国家富强、民族振兴的紧密联系

首先，文化实力与国家富强、民族振兴的紧密联系在于文化在塑造国家形象

和软实力方面的重要作用。文化实力涵盖了国家的文学、艺术、哲学、语言、宗教等多个层面，构成了一个国家的文化面貌。这种文化面貌对外传播时，不仅是国家形象的代表，更是影响其他国家对该国认知和评价的窗口。一个国家拥有深厚且有特色的文化实力，有助于树立国家在国际上的良好形象，增加国际社会对该国的信任和尊重。

其次，文化实力对国家经济的繁荣与发展起到重要的支撑作用。文化产业作为一个国家经济体系中的重要组成部分，不仅创造了就业机会，还促进了国家的经济增长。例如，电影、音乐、艺术等文化产品的输出不仅能够创造经济价值，还能够吸引外国投资，推动文化产业链的发展。因此，一个国家拥有丰富多彩的文化实力，有助于激发国家经济的活力，推动经济的可持续发展。

再次，文化实力对国家社会稳定和凝聚力的维护有着不可或缺的作用。传统文化作为国家的精神支柱，具有凝聚人心、传承价值观念的重要功能。通过文化的传播和弘扬，可以促进社会成员对共同价值观念的认同，增强社会的凝聚力。这对于维护社会的和谐稳定、防范社会动荡和分裂具有重要的意义。中华传统文化中注重的仁爱、和谐、孝道等价值观念，正是对社会稳定产生积极作用的典范。

最后，文化实力与国家民族振兴的紧密联系还表现在文化对国家软实力的塑造和提升国家的软实力不仅包括政治、经济、军事等方面的硬实力，更重要的是文化软实力，即国家的文化吸引力和影响力。通过文化的传播，一个国家能够吸引更多国际人才、影响国际社会对该国的看法，从而提升国家的综合国力。中华传统文化在这方面具有独特的优势，以其深厚的历史底蕴、哲学智慧、艺术表现等为国家赢得了更多的国际认可。

3. 中华传统文化在文化软实力中的独特地位

首先，中华传统文化在文化软实力中的独特地位表现在其博大精深的历史底蕴和哲学思想。中华传统文化源远流长，涵盖了儒、道、佛等多元哲学思想，形成了独特的价值体系。这些哲学思想不仅深刻影响了中国古代社会的发展，更在当今时代具有启示意义。通过弘扬这一独特的文化思想，中国能够展示其深邃的思辨传统，吸引国际社会对中华文化的独特关注。

其次，中华传统文化在文化软实力中的独特地位还体现在其多元的艺术表达形式。中国传统绘画、书法、音乐、舞蹈等艺术形式自古以来就以独特的审美价值和表达方式著称。这些艺术形式既传承了古代文化的传统，又在不断创新中展现出时代的魅力。通过国际文化交流，中国传统艺术能够在全球范围内传播，使世界更加了解中国的审美情趣和艺术风格。

再次，中华传统文化在文化软实力中的独特地位体现在其丰富的文学传统。中国古代文学作为中华文化的重要组成部分，涵盖了诗歌、散文、小说等多种文学形式。这些文学作品不仅在中国历史上扮演着重要角色，而且在国际上也具有深远的影响。通过翻译和推广，中国古代文学作品能够深入国际文学领域，为世界提供一扇窥探中华文化深层次的窗口。

最后，中华传统文化在文化软实力中的独特地位还表现在其注重人文关怀和道德理念。中华传统文化强调仁爱、和谐、孝道等核心价值观，这些价值观在当代社会中具有普世性的吸引力。通过弘扬这些人文关怀和道德理念，中国能够在国际社会中展现出一种具有社会责任感和人文关怀的形象，推动构建人类命运共同体的理念。

总体而言，中华传统文化在文化软实力中具有独特地位，其独特性体现在哲学思想、艺术表达、文学传统和人文关怀等多个方面。通过弘扬中华传统文化，中国不仅在国际文化舞台上展现自身独特的文化魅力，同时也有助于引导国内人民形成正确的价值导向，树立自身文化的自信心。

第二节　中华优秀传统文化在数字化时代的变革

一、文化数字化的定义

数字化时代是指在信息技术高度发展的背景下，文化领域的传播、保存、表达等各个环节都采用数字化技术。这包括了数字媒体、虚拟现实、互联网等多种技术手段的应用，使传统文化以数字形式得以呈现和传播。文化数字化的定义涉及数字技术在文化领域中的广泛应用，为传统文化带来了新的表达和传播方式。

（一）数字化时代的背景和特点

1. 信息技术的高度发展

信息技术的高度发展是数字化时代的核心特征之一，其迅猛的进步深刻地改变了人们的生活和工作方式。计算机、网络和多媒体等先进技术的普及与应用，不仅在经济和社会领域带来了巨大的变革，同时也对文化产生了深远的影响。

首先，计算机技术的飞速发展成为数字化时代的基石。计算机的普及与提速使得信息处理和存储能力大幅提升，加速了信息的传递与共享。这种高效的信息处理能力不仅推动了科学研究、工业生产的进步，同时也深刻影响了文化的传播和创新。数字化的计算机技术为文学、艺术、音乐等各个文化领域提供了新的创作和表达方式，拓展了文化的边界。

其次，网络技术的普及和发展极大地加速了信息的传播和共享。互联网的崛起使得全球范围内的信息能够迅速传递，文化的交流和互鉴变得更加便捷。人们可以通过网络平台获取来自世界各地的文学作品、音乐、电影等文化产品，促进了不同文化之间的对话与交流。同时，社交媒体等网络工具也成为文化传播的新平台，通过用户生成的内容拉近了文化创作者和受众之间的距离，形成了一种全新的文化参与模式。

此外，多媒体技术的发展丰富了文化的表达方式。音频、视频、图像等多媒体元素的结合使得文化产品更加生动丰富。数字时代的多媒体技术为文学作品增加了音频朗读、电子书的视觉呈现；音乐作品不仅可以通过传统的 CD 发行，更可以通过数字平台在线传播；电影、电视剧通过高清画质、虚拟现实等技术手段提供了更为沉浸式的观影体验。这些多媒体技术的应用丰富了文化形式，也提升了文化产品的传播效果。

然而，信息技术的高度发展也带来了一系列的问题和挑战。随着信息爆炸的时代来临，信息的获取过载可能导致信息过滤的问题，人们在海量信息面前可能感到困惑和迷失。此外，网络信息的开放性也引发了一些文化安全和隐私保护的问题，需要制定更为健全的法律法规进行规范。

2. 文化领域的数字化应用

数字化时代的显著特征之一是数字技术在文化领域的广泛应用，这一趋势在传播、保存、表达等多个方面得到了深入发展。数字化技术的不断成熟与普及，特别是数字媒体、虚拟现实和互联网等技术手段的不断创新，为传统文化带来了新的表达和传播方式，从而塑造了数字化时代文化领域的新面貌。

首先，数字媒体的广泛应用为传统文化的传播提供了全新的途径。通过数字媒体平台，传统文化可以以数字形式被广泛传播，促使其更易被全球范围内的受众理解和接受。音乐、绘画、舞蹈等传统艺术形式可以通过数字媒体以高清晰度的图像和音频展示，使得传统文化更贴近现代受众，激发兴趣，促进传统文化的传承与弘扬。

其次，虚拟现实技术的崛起为文化体验提供了全新的维度。通过虚拟现实技术，人们可以沉浸式地体验传统文化场景，如虚拟博物馆、历史遗迹的虚拟重建等。这种全新的体验方式不仅拓展了文化的呈现形式，也促进了对传统文化的更为深入的理解与感受。虚拟现实为文化旅游、文物保护等领域带来了新的可能性，推动了文化体验的数字化升级。

互联网技术的普及与发展是数字化时代文化领域变革的关键推动力之一。互联网通过在线平台使得文化参与变得更加开放，任何人都可以在互联网上分享、创作、传播自己对传统文化的见解和作品。社交媒体、在线博物馆等数字平台为文化交流提供了全新的渠道，形成了全球性的文化对话与共享。这种开放性的文化传播模式拉近了文化创作者与受众之间的距离，使得文化的传播更加直接、广泛、多元。

除此之外，数字技术也推动了文化内容的多媒体化。音频、视频、图像等多媒体元素的结合使得文化产品更加生动丰富。传统文学作品可以通过数字平台以电子书、有声书等多样的形式传播；音乐、电影等传统艺术形式在数字时代通过高清画质、虚拟现实等技术手段提供了更为沉浸式的观感体验。这种多媒体化的文化表达方式使传统文化更具现代感，更适应数字时代受众的审美需求。

数字化时代文化领域的数字化应用形成了一个多层次、多元化的体系，为传统文化注入了新的生命力。数字媒体、虚拟现实、互联网等技术的不断创新，使得文化传播更为广泛、深入，文化体验更为丰富。

（二）文化数字化的范畴和概念

1.数字化的文化传播

数字技术的迅猛发展在文化传播领域引发了深刻的变革。数字化为文化传播提供了极大的便利和创新，通过数字媒体和互联网的应用，人们得以随时随地获取文化产品和信息，实现了即时交流和全球范围内的互动。这一转变不仅影响了传统的文化传播方式，也重新定义了文化参与与共享的形式。

首先，数字媒体的广泛应用使得文化传播变得更加高效和便捷。通过数字化的平台，包括社交媒体、在线视频、音频流媒体等，文化内容得以在全球范围内瞬间传播。人们可以通过互联网轻松访问各种文学作品、音乐、电影、艺术品等，打破了时间和地域的限制。这种即时的文化传播使得世界各地的人们能够更加及时地分享和交流彼此的文化体验，推动了不同文化之间的融合与交流。

其次，数字技术为用户提供了更多参与文化创造的机会，实现了传统文化传播的双向互动。通过社交媒体平台，用户可以发布自己的创作，如文字、图片、音频、视频等，与其他用户分享个人的文化见解和创意。这种用户生成的内容不仅拓宽了文化的来源，也为文化的多元性提供了更为广泛的平台。这一互动式的文化传播模式不仅拉近了文化生产者和消费者之间的距离，也激发了更多人参与文化创造的热情。

同时，数字化的文化传播使得文化消费更加个性化和定制化。通过算法和大数据分析，数字平台能够根据用户的兴趣和偏好为其推荐相应的文化内容，实现了个性化推送。这种定制化的文化传播模式使用户更容易找到符合自己口味的文化产品，提升了文化传播的效果，同时也推动了文化产业的发展。

2. 文化数字化的保存和保护

数字化技术的迅猛发展为传统文化的保存和保护提供了强大的支持。数字化手段不仅能够将文化遗产、艺术品等以数字形式保存，还降低了物质保存的成本和风险，为文化资产的长期保存创造了便捷的条件。

首先，数字化技术为文化遗产的保存提供了更为安全和可靠的手段。通过数字化，文化遗产的重要信息和特征可以被准确记录和保存，不受时间和环境的影响。数字化保存可以防止文物因物理性质的破损、老化或自然灾害而受到破坏，有效保护了文化遗产的完整性。这种数字形式的保存方式也为文化遗产的传承和研究提供了更为便捷的途径。

其次，数字化技术降低了保存和保护文化遗产的经济成本。传统的文化遗产保存方式往往需要耗费大量的人力、物力和财力。而通过数字化手段，文化遗产的数字化档案可以在数字存储设备上进行保存，大大减少了对物理空间和特殊保存条件的依赖，降低了保存和保护的成本。这对于一些大型、脆弱或敏感的文化遗产尤为重要，为更广泛的文化资源提供了数字形式的安全存储途径。

再次，数字化还能够进行文化资源的数字化整理和分类，为更好地进行利用和研究奠定基础。数字化保存的文化资源可以通过数据库、检索系统等工具进行有序地管理，使文化资产更容易被发现和利用。数字化整理还能够对文化资源进行标准化处理，提高文化资源的可访问性，为研究者、学者和公众提供更多的学术和文化交流的机会。

最后，数字化保存和保护也面临一些挑战。数字化技术的迅速更新换代，使得保存的数字文化资料可能受到技术过时的威胁。同时，数字化保存的文化资产也容易受到网络安全问题的困扰，需要建立健全的信息安全体系，以防止文化资产被非法获取或破坏。

3.数字技术的文化表达

数字技术在文化表达与创作方面展现了巨大的创新潜力，为艺术家和创作者提供了广阔的创作空间。其中，虚拟现实技术成为突出的代表，打破了传统的时间和空间限制，创造了全新的文化体验。在数字化时代，涌现出数字艺术、数字音乐、数字影像等新兴文化形态，为文化创作带来了前所未有的丰富多样性。

虚拟现实技术的崛起为文化表达注入了全新的元素。通过虚拟现实，艺术家可以创造出超越传统观念的三维空间，使观众沉浸于虚构的艺术世界之中。这种数字技术的运用不仅扩展了艺术创作的边界，还提供了更为身临其境的文化体验。艺术作品不再受限于实际的物理空间，观众可以通过虚拟现实设备感受到前所未有的沉浸感，进一步推动了文化表达的创新。

数字技术在艺术领域的运用还表现为数字艺术的兴起。通过计算机图形学、互动装置等技术手段，艺术家能够创造出具有高度抽象性和数字化特征的艺术品。数字艺术不仅突破了传统艺术媒介的限制，更为艺术家提供了在数字平台上创作、表达的新可能性。数字化的创作过程与传统的艺术创作形成鲜明对比，呈现出更为动态、互动的特点，激发了观众对艺术品的多层次解读与参与。

数字音乐作为数字技术的产物，也为音乐表达带来了翻天覆地的变化。通过数字化录音、音频处理等技术，音乐创作者可以在数字环境中进行无限的创意探索。电子音乐、合成音乐等数字音乐形式崭新而多样，推动了音乐创作的多元化发展。数字技术不仅改变了音乐的创作过程，还为音乐表达提供了更为广泛的传播途径，通过数字平台，音乐可以实现全球性的传播与分享。

最后，数字影像在数字技术的推动下也呈现出多姿多彩的发展趋势。通过计算机图形学、视觉效果等技术，数字影像的制作质量得以大幅提升，丰富了电影、动画、虚拟现实等领域的表达手段。数字影像的数字化媒介特性使得影像创作更为灵活，同时也推动了视觉艺术在数字时代的独特发展。

二、传统文化数字化的影响

（一）数字媒体的应用

1.数字媒体对传统文化传播的促进

首先，数字媒体通过在线平台极大地促进了传统文化的可及性。传统文化的广泛传播往往受限于时间和地域的局限，而数字媒体打破了这一限制。通过在线平台，人们可以随时随地访问到丰富多样的传统文化内容，无论是传统音乐、戏曲、书法等艺术形式，都能够通过数字媒体传播到全球各地的受众。这种便捷的传播方式使得传统文化不再局限于特定地域，更容易被全球范围内的人们了解和欣赏。

其次，数字媒体为传统文化的传播提供了更为多元化的表达方式。传统文化涵盖丰富的形式和内容，而数字媒体平台的多媒体性质使得传统文化能够以更为生动和富有创意的方式呈现。通过视频、音频、图像等多媒体元素的结合，数字媒体为传统文化注入了新的时尚元素，使其更具吸引力。这种多元化的表达方式吸引了更广泛的受众，激发了对传统文化的浓厚兴趣。

再次，数字媒体为传统文化的互动性和参与性提供了平台。通过社交媒体、在线平台等，观众可以与传统文化内容进行实时互动，表达自己的看法、分享体验。这种互动性使传统文化不再是单向的传播，而是与观众形成更为密切的互动关系。观众的参与不仅丰富了文化传播的内容，还为传统文化的传承注入了新的活力。

最后，数字媒体通过数据分析等技术手段为传统文化的推广提供了更为精准的方式。通过用户数据的收集和分析，数字媒体平台能够更好地了解受众的兴趣和偏好，有针对性地推送相关的传统文化内容。这种个性化推送提高了受众的体验感，使得传统文化的传播更加精准、高效。数字媒体的数据分析也为文化机构和传统文化从业者提供了更为科学的策略和决策依据，有助于提升文化传播的效果和影响力。

2.数字媒体对文化多样性的挑战

首先，数字媒体平台上的内容推荐算法可能导致热门内容更容易获得关注，而较为小众的传统文化可能因此被边缘化。这是因为算法通常会根据用户的历史点击、观看记录等个人信息来推荐内容，从而使用户更容易接触到与其兴趣相关的热门内容。这种趋势可能导致那些不符合主流审美趣味或较为小众的传统文化内容在数字平台上得到的曝光度较低，难以获得足够的关注和支持。这对于维护传统文化的多样性和特色保护构成了潜在的威胁。

其次，数字媒体平台上的用户参与度差异可能使一些传统文化在数字时代难以维持其传播。在数字媒体时代，用户更加倾向于参与和互动，而一些传统文化形式可能缺乏足够的互动性，难以吸引大量用户的积极参与。这可能导致这些传统文化形式在数字平台上的传播受到限制，因为数字媒体平台通常更愿意推广能够引起用户互动和参与的内容。因此，传统文化需要寻找创新的表达方式，以更好地融入数字媒体平台，激发用户的兴趣与参与。

再次，数字媒体的碎片化特性可能使得传统文化的完整性受到挑战。在数字平台上，信息呈现往往是碎片化的，用户倾向于短时、碎片化的内容消费。而一些传统文化往往具有复杂而深厚的内涵，需要更为深入地理解和沉浸式的体验。在数字平台上，这些传统文化可能受到用户碎片化阅读习惯的挑战，传达出的信息可能会受到过度简化，从而影响传统文化的真实表达。

最后，数字媒体的盈利模式可能对传统文化的多样性产生一定压力。数字媒体平台通常以点击率、流量等为盈利模式，而一些传统文化形式可能因其非主流特性而难以迎合大众口味，从而无法吸引足够的流量。这可能导致数字媒体平台不愿推广这些内容，影响传统文化的传播。因此，需要探索更为多元化的数字媒体盈利模式，以更好地支持传统文化的多样性。

（二）虚拟现实的应用

1. 虚拟现实对传统文化体验的拓展

首先，虚拟现实技术通过创建虚拟博物馆为传统文化提供了独特而深刻的体验。传统博物馆通常受限于空间和实物展示，但虚拟现实技术能够在数字环境中还原文物的真实细节，同时创造出丰富的交互体验。通过虚拟现实的呈现，人们可以仿佛置身于远古文明的实际场景，与文物亲密互动。这种虚拟博物馆的形式不仅丰富了传统文化的呈现形式，还为观众提供了更为沉浸式和生动的学习体验。

其次，虚拟现实技术在文化遗址的虚拟重建方面发挥了积极作用。许多传统文化遗址因岁月的侵蚀或其他原因已经无法以原貌展现，但通过虚拟现实技术，这些遗址可以在数字环境中得以还原。人们可以通过虚拟现实眼镜，沉浸式地探索古代城市、建筑和景观。这种虚拟重建不仅为文化遗产的保存提供了新的手段，也为人们提供了更为直观和生动的方式去了解和体验传统文化的历史和演变。

再次，虚拟现实技术通过交互性的增强，提供了更加深入的传统文化体验。传统文化往往具有复杂的符号和仪式，而虚拟现实技术可以通过触觉、视觉和听觉等多重感官的参与，使用户更为全面地感知和体验传统文化。例如，在虚拟舞蹈体验中，用户可以通过身体动作模拟传统舞蹈的动作，与虚拟环境中的舞蹈形象互动，使学习和体验更为亲身和深刻。

最后，虚拟现实技术通过全球联通性，为传统文化的全球传播提供了可能。人们可以通过虚拟现实平台，与世界各地的用户一同参与传统文化活动，分享体验和交流见解。这种全球联通性促进了不同文化之间的互动和交流，有助于传统文化在全球范围内得到更为广泛的认知和尊重。

2.虚拟现实对文化传承的挑战

首先，虚拟现实技术在追求创新的同时可能导致传统文化的真实性受到挑战。虚拟现实环境的创造需要数字技术对文化元素进行重新建构，这可能导致原始文化场景的失真。例如，在虚拟博物馆中，虽然数字技术可以还原文物的外观，但由于技术限制和建模过程中的主观性，虚拟环境中的文物可能无法完全还原其原有的质感、颜色和历史痕迹。这使得虚拟现实环境中呈现的传统文化在视觉和感官上与实际体验相比存在一定的差异，可能影响用户对传统文化真实性的感知。

其次，虚拟现实技术的追求创新可能导致传统文化元素的过度夸张和改变。为了吸引观众和提供更为引人注目的虚拟体验，虚拟现实内容创作者可能倾向于对传统文化进行夸张、艺术化处理，以迎合当代观众的审美和娱乐需求。这可能导致虚拟环境中的文化元素失去了其原有的历史和社会背景，变成了一种过度艺术化的表达形式。这种过度夸张和改变可能对传统文化的本质和传承产生负面影响，使其丧失了原有的深度和内涵。

再次，虚拟现实技术的应用可能加速传统文化的商业化趋势。虚拟现实技术为文化体验提供了商业化的可能性，但商业利益的追求可能使得传统文化在虚拟环境中被过度商业化，以满足市场需求。例如，一些虚拟文化体验可能更注重吸引观众而忽视对文化背后深层次意义的传达。这种商业化的倾向可能导致传统文化在虚拟环境中的表现变成一种表面化、商业化的呈现，而忽略了文化传承的本质。

最后，虚拟现实技术的普及可能引发对实际传统文化场所的冷落。随着虚拟博物馆和虚拟文化体验的兴起，人们可能更倾向于在数字环境中体验传统文化，而忽视实际博物馆、文化遗址等传统场所的重要性。这可能导致实际传统文化场所的游客减少，影响了这些场所的文化传承和维护。

（三）互联网的应用

1.互联网对文化参与的推动

首先，互联网通过在线平台拓展了传统文化的参与范围。传统文化往往受到地域、时间和社会阶层的限制，但互联网的出现打破了这些限制，使得更多人有机会参与到传统文化的创造和传承中。无论身处何地，任何人都可以通过互联网分享自己对传统文化的见解、体验和创作，从而形成了一个全球性、开放的文化共同体。这种去中心化的传播模式让传统文化不再局限于特定地域或群体，为更广泛地参与提供了可能性。

其次，互联网为传统文化的创新和更新提供了平台。通过在线社交媒体、博客、视频分享等平台，个体和群体可以展示他们对传统文化的独特理解和创意呈现。这种去中介化的传播方式使得创新的声音更容易被听到，传统文化因此能够更好地适应当代社会的需求。传统文化在互联网上融合了现代元素，形成了新颖的文化形态，这既保留了传统文化的根基，又使其更具现代吸引力。

再次，互联网为文化参与者提供了丰富的学习资源。通过在线学习平台、数字图书馆、文化论坛等，人们可以随时随地获取关于传统文化的学术研究、历史资料和深度解读。这使得文化参与者能够更深入地理解传统文化的内涵，拓展对文化的认知。互联网为传统文化的学习提供了更加灵活和个性化的途径，让更多人能够参与到对传统文化的深度探讨和学术研究中。

最后，互联网的社交性质促进了文化参与者之间的交流与合作。在线社交平台使得文化参与者能够方便地分享彼此的研究成果、创作成果，甚至进行跨地域、跨文化的合作。这种社交性质的交流有助于文化参与者之间建立紧密的联系，形成一个庞大的文化社群。这个社群中的互动促使了传统文化的多元交流，让不同背景的人们能够共同参与到文化的创造、传承与分享中，形成了一种共生的文化生态。

2.互联网对文化创新的压力

首先，互联网时代的信息爆炸给传统文化带来了新的竞争压力。在网络上，新潮流、时尚观念以及娱乐方式不断涌现，形成了多元化、碎片化的文化氛围。这种信息过载可能使传统文化面临被忽视的风险，因为人们更容易被新颖、迅速传播的信息所吸引，而对传统文化的关注程度减弱。传统文化需要在这样的竞争环境中找到自己的独特之处，以吸引新的受众，同时保持文化的传承和深度。

其次，互联网的快速传播使得文化变迁的速度加快。在互联网时代，信息的传播速度比以往任何时候都更快，新的文化现象能够在短时间内广泛传播。这使得传统文化需要更快地适应变化，否则可能被迅速淘汰或边缘化。传统文化在互联网时代需要更具灵活性，积极参与到新的传播方式中，以便更好地传递自身的核心价值和吸引年轻一代的关注。

再次，互联网时代的社交媒体使得个体对于文化的塑造和传播能力大幅提升。每个人都有可能通过社交媒体平台分享自己对传统文化的理解和创意，从而影响更广泛的受众。这种个体化的文化传播可能带来更多的碎片化和多样性，但也可能导致传统文化的扭曲和失真。因此，传统文化在互联网时代需要更加关注个体参与的同时，积极引导文化传播方向，以保持文化的本真和原汁原味。

最后，互联网的商业化趋势也给传统文化带来了一定的压力。为了在竞争激烈的市场中脱颖而出，一些传统文化可能会面临商业化改编的风险，以适应更广泛的商业需求。这可能导致传统文化被过度商业化，丧失其原有的深度和内涵。因此，传统文化在互联网时代需要谨慎处理商业化的问题，保持文化的纯粹性，不被商业需求所左右。

第三节　中华优秀传统文化与现代社会的关系

一、传统文化的时代传承

（一）文化传承的挑战与现代创新的平衡

首先，传统文化传承所面临的主要挑战之一是时代变迁。现代社会的迅速发展导致了社会结构、人们生活方式的根本性改变，传统文化在这一变革的冲击下显得有些陈旧。年轻一代在全球化和信息化的影响下，接受更多元化、国际化的文化影响，对传统文化的认同感降低。因此，传承者需要在时代变迁中找到平衡点，既保持传统文化的纯粹性，又能够使其与当代社会相融合。

其次，传承者还需要应对价值观念差异的挑战。随着社会的多元化和文化的碰撞，传统文化中的价值观念可能与现代社会存在一定的差异。例如，传统家庭观念、婚姻观念等可能与当代人的自由选择和平等追求相悖。传承者在传承过程中需要敏感地处理这些差异，既保持传统文化的独特性，又能够适应现代社会的多元化需求。

再次，为了在传承中保持传统之美，传承者需要通过有针对性地创新与发展，将传统文化与现代元素相融合。这包括在文学、艺术、戏曲等方面进行创新，以适应当代观众的口味和审美需求。例如，传统戏曲可以结合现代音乐、舞蹈等元素，使其更富有时代感和现代艺术的表现形式。

最后，在时代传承中，传承者需要具备深刻理解传统文化的能力，同时也需要对当代社会有着敏锐的洞察力。只有深刻理解传统文化的内涵，传承者才能够在创新中保持传统之美，使之更符合现代社会的需求。同时，对当代社会的洞察力可以帮助传承者更好地把握时代脉搏，使传统文化在时代变迁中不失活力。

（二）现代技术与传统文化的融合

首先，现代技术为传统文化的数字化保护提供了全新的途径。通过数字化手段，传统文化可以得到更加精准、长久的保存。古籍、传统艺术品等可以通过数字化技术进行高清扫描和三维建模，实现对文化遗产的数字保存，减少时间和环境对其造成的侵蚀。这样的数字保护不仅为传统文化的传承提供了更为可靠的手段，还能够打破地域和时间的限制，使得这些宝贵的文化资源能够更广泛地传播和分享。

其次，虚拟现实等现代技术的应用为传统文化注入了新的元素。通过虚拟现实技术，人们可以身临其境地参与传统文化场景，体验古老的建筑、艺术表演等。这种全新的体验方式不仅拓展了传统文化的呈现形式，也吸引了更多年轻一代的关注。虚拟博物馆、文化遗址的虚拟重建等项目，使得传统文化在现代科技的引领下展现出更为生动和多元的面貌。

再次，互联网平台为传统文化提供了线上展览和传播的机会。通过互联网，传统文化可以突破地域限制，触达全球观众。线上展览、数字化古籍的阅读等项目使得传统文化能够在全球范围内更为广泛地传播。这为传统文化的国际化传播提供了便捷的途径，促进不同文化间的交流与融合。

最后，在传统文化与现代技术的融合中，保持文化的本质是至关重要的。技术应当被视为传统文化传承的工具，而非改变其根本内涵的手段。因此，在技术的融合过程中，需要保持对传统文化深刻理解的基础上，有选择性地运用技术手段，以达到更好地传承和传播传统文化的目的。

（三）文化产业与传统技艺的融合

首先，文化产业的兴盛为传统技艺提供了商业化的机遇。随着社会经济的发展，人们对文化艺术品的需求逐渐增加，文化产业成为推动经济增长的重要引擎之一。传统技艺通过设计创新、市场包装等方式，成功融入现代生活，成为文创产品，为传统手工艺提供了新的生存空间。这种商业化的途径不仅为传统手工艺品注入了新的商业价值，也激发了传统技艺传承者的创新活力。

其次，文化产业与传统技艺的融合促进了传统技艺的传承。通过将传统技艺融入文化产业的生产链，传承者得以更好地将技艺传承给下一代。在商业化的过程中，传统手工艺的技术和工艺得到了更广泛的传播，使得传统技艺在现代社会得以重视和保护。传承者通过与设计师、营销团队的合作，学习适应现代市场需求的方式，实现了传统技艺的融合传承。

再次，融合了文化产业的传统技艺更好地适应了现代社会的审美需求。在市场竞争激烈的环境下，传统技艺通过融入文化产业，得以通过设计和包装等手段更好地契合现代消费者的审美趣味。这种融合不仅保留了传统技艺的独特魅力，同时也使得传统手工艺更具吸引力，更符合现代生活的美学标准。

最后，文化产业的商业模式为传统技艺传承提供了新的思路。传统手工艺的商业化成功不仅仅依赖于技艺的传承，还需要传承者具备商业意识和市场敏感度。因此，传统技艺传承者需要在传统技艺的基础上，学习商业知识，了解市场需求，通过创新和包装，将传统技艺巧妙地融入现代商业环境，实现传统文化在商业领域的可持续发展。

二、传统文化对现代社会的启示

（一）价值观念的引导与社会建设

1.传统文化价值观的引导

传统文化中蕴含着丰富的价值观念，如儒家思想中的仁爱、孝道、忠诚等，对于现代社会的发展具有深远的启示。这些价值观念强调人际关系的和谐、个体与社会的关系，对社会建设起到积极的引导作用。

2.社会和谐的构建

传统文化倡导的"礼义廉耻"等道德规范，为现代社会的建设提供了基石。它们强调个体之间的相互尊重、互助合作，帮助维系社会的和谐稳定。在现代社会中，通过挖掘和传承传统文化中的价值观念，可以推动社会向着更加和谐、公正、平等的方向发展。

3.培养良好公民素质

传统文化中的价值观念，如诚信、责任、廉洁等，对于培养良好的公民素质具有重要意义。这些价值观念植根于个体行为和社会规范中，可以引导人们形成正确的行为准则和道德观念，提高社会成员的责任感和公民素质。

（二）智慧与问题解决的指引

1.传统文化的智慧

传统文化中蕴藏着丰富的智慧，如道家思想中的"无为而治"理念，提倡在处理复杂问题时保持柔韧和顺应自然的态度。这种智慧可以帮助现代社会更好地处理复杂的社会问题，寻求创新的解决方案。

2.合理平衡地追求

传统文化中强调的"中庸"理念，主张适度的平衡和调和，对于现代社会中的平衡发展、资源分配等问题提供了借鉴。这种追求合理平衡的智慧可以指导现代社会在科技进步、经济发展等方面实现可持续的发展。

3.全局思维与系统思考

传统文化中的智慧培养了全局思维和系统思考的能力，帮助人们更好地认识事物之间的相互关系，从而找到更有效的问题解决方式。在现代社会中，这种智慧对于跨学科研究、复杂问题解决等领域具有重要价值。

（三）文化传承的重要性与身份认同

1.文化认同与身份建构

传统文化的传承对于个体和社会的文化认同和身份建构至关重要。通过传承和弘扬传统文化，人们可以建立起对自己文化根源的认同感，并形成强烈的文化身份。这对于促进社会凝聚力、提升个体的自豪感和归属感起到推动作用。

2.文化传承与历史记忆

传统文化的传承不仅仅是为了保存历史记忆，更是为了将历史记忆转化为当代生活中的精神资源。通过传承文化，人们可以更好地理解和继承前人的智慧与经验，从而形成更加坚实的文化根基。

3.跨文化对话与融合

传统文化的传承也可以促进跨文化对话与融合。在全球化时代，各种文化越来越频繁地交汇和碰撞。传统文化的传承可以帮助人们更好地理解和尊重他者的文化，促进不同文化间的和谐共存和相互学习。

（四）文化对人性的关怀与精神寄托

1.人伦关系的重视与关怀

传统文化强调家庭、友情、爱情等人际关系，对社会中人际交往具有重要而深刻的启示。通过传承这些价值观念，可以帮助人们形成健康、和谐的人际关系，提升个体的社会适应能力和幸福感。

2.美的追求与审美教育

传统文化中所弘扬的艺术美、审美理念，对于现代社会的审美教育至关重要。传统文化在音乐、绘画、建筑等艺术领域的丰富积淀，为社会提供了丰富的艺术资源和审美欣赏的视野。

（五）对自然与生态的尊重与可持续发展

1.传统文化中的自然观念

传统文化中强调的天人合一、尊重自然，为现代社会的可持续发展提供了有益的启示。这种观念引导着人们尊重和保护自然环境，追求与自然和谐共生的发展方式。

2.生态伦理的倡导与文化生态建设

传统文化中蕴含的生态伦理观念，如生态平衡、分而治之等，为现代社会的生态文明建设提供了有益启示。通过传承这些观念，可以推动社会在建设生态文明、增强生态意识和责任感方面取得更大进展。

3.传统农耕文化与可持续农业

传统文化中的农耕文化体系，如农时节气、农作物轮作等，对于推动可持续农业具有重要影响。这些知识和技术可为现代社会提供农业生产与生态保护相结合的新思路和方法。

第四节　数字化时代传统文化传承的挑战与机遇

一、数字化时代我国传统文化的传承发展的机遇

数字化时代为我国传统文化的传承和发展提供了广泛的机遇。传统文化作为中华民族的瑰宝，通过合理应用数字化技术，能够在新时代焕发新的生命力。以下是数字化时代我国传统文化传承发展的机遇：

（一）传承路径的拓宽

首先，数字化技术的广泛应用在我国传统文化传承方面带来了深刻的变革。

传统文化的口传心授和书本相传方式在数字化时代面临着保存困难的问题，而数字化保存技术的引入弥补了这一缺陷。通过数字化保存，传统文献、文物等能够以电子形式永久保存，有效地解决了时间和环境对传统文化的侵蚀问题。以古代文字记录为例，通过现代技术的一比一还原，不仅可以还原文字的原貌，还能够进行数字化修复，使得传统文化得以更为完整和准确地传承。

其次，数字化技术不仅仅在保存上发挥作用，更在传统文化的传播途径上实现了巨大的拓宽。通过互联网和社交媒体等数字平台，人们能够迅速获取传统文化的信息，实现全球范围内的传播。这种广泛的传播途径不仅加速了传统文化的推广，也使得更多人能够参与到传统文化的学习和传承中。同时，数字化技术还推动了虚拟现实、增强现实等新媒体形式的发展，使得传统文化的呈现更加生动立体。例如，通过虚拟现实技术，人们可以身临其境地参与传统文化活动，从而更深刻地理解和感受传统文化的内涵。

再次，数字化技术为传统文化的创新发展提供了新的机遇。通过数字技术与传统文化相融合，创造了许多新颖的文化产品和艺术形式。智能机器人在传统戏曲节目表演中的应用，不仅可以有效防止传统艺术的失传，还能够创造出独特的表演风格，吸引更广泛的受众。此外，数字技术的交互性和创造性也为文化创意产业注入了新的活力，推动了传统文化的更新和升级。例如，结合数字技术的文创产品，既保留了传统文化的经典元素，又赋予了新的时代意义，吸引了更多年轻人的关注。

最后，数字化技术的应用提升了我国的文化软实力。数字化时代的文化传播不仅是国际相互交流的重要方式，更是各国文化影响力的体现。通过数字平台，我国传统文化可以更广泛地传播到世界各地，促使国际社会更深刻地了解中华文化的博大精深。数字化技术也为文化产业的国际化提供了便利，推动了我国文化产业在国际市场上的竞争力。这不仅有助于传统文化的全球传承，也为我国在全球文化舞台上塑造更为积极正面的形象提供了支持。

（二）表现形式的创新

首先，数字化技术的深入应用为我国传统文化带来了前所未有的表现形式创新。通过数字化技术与传统文化的融合，我们不仅能够见到智能机器人在表演中的应用，更可以迎来虚拟现实、增强现实等新媒体形式的涌现。这些新表现形式不仅丰富了传统文化的传播方式，也使得传统文化更具现代感，更符合当代人的审美和接受程度。

其次，智能机器人在传统文化表演中的角色不仅仅是简单的"演员"，更成为传承与创新的桥梁。通过编程和人工智能技术，智能机器人能够模拟传统文化表演艺术，如戏曲、舞蹈等，展现出高度的艺术表现力。这种机器人表演不仅可以还原传统文化的形式，还能够通过创意性的表达方式为传统文化注入新的元素，使其更富有现代感。这种融合与创新的表现形式不仅激发了传统文化的创新力，也使得更多人能够通过互动性的表演形式更深入地了解和体验传统文化。

再次，数字化技术为传统文化的非物质文化遗产保护提供了新的可能。通过虚拟现实技术，人们可以在数字环境中全方位地体验传统文化的各个方面，包括传统手工艺、传统节庆等。这种数字化的呈现方式不仅丰富了非物质文化遗产的展示手段，也解决了时间和空间的限制，使得更多人可以随时随地参与到传统文化的传承和弘扬中。这为非物质文化遗产的保护提供了新的途径，同时也为其更好地传承提供了技术支持。

最后，数字化技术在传统文化表现形式创新中的角色不仅仅是单向的呈现，更是促进了传统文化与现代科技的深度融合。例如，在数字化的舞台上，智能机器人与传统音乐、舞蹈等艺术形式相互配合，形成独特的艺术呈现。这种跨界融合既延续了传统文化的底蕴，又与现代科技相结合，创造了全新的文化体验。数字化技术的应用使得传统文化表现形式更具前瞻性，更能够适应当代社会的多样化需求，从而为传统文化的传承发展打开了一扇新的大门。

（三）认知感受的改变

数字化技术的广泛应用深刻地改变了人们对传统文化的认知和感受。随着智能机器人等人工智能技术的不断发展，人们的互动方式和信息获取方式发生了翻天覆地的变化。这一趋势不仅在智能银行机器人等实用场景中体现，同时在文化领域，尤其是传统文化的传播与体验方面也展现出显著的影响。

首先，智能机器人在传统文化场景的应用为人们提供了全新的互动体验。以智能银行机器人为例，其不仅能够主动接待客户，引导完成业务，更通过自然语言处理技术进行与客户的交流，使得传统银行服务变得更为智能和便捷。这种互动体验不仅改变了人们对传统服务方式的认知，也为传统文化的展示与传播提供了新的思路。通过人工智能技术，传统文化得以融入更具现代感的互动式体验中，使得人们更加愿意去了解和接触传统文化。

其次，人工智能在文化场馆如敦煌莫高窟中的应用，例如人工智能小冰的参与，极大地提升了游客对传统文化的深度理解。通过与游客的互动，人工智能可以全面讲解敦煌的文化历史，展示文物的大面积投影，从而使游客通过视觉体验更深入地认知我国五千年的传统文化。这种数字化技术的应用不仅改善了以往文化传播方式的单向性，更使得传统文化的呈现更加生动、直观，引发了人们对传统文化的浓厚兴趣。

再次，数字化技术的应用提升了文化传播的质量和效率。通过智能机器人和人工智能的介入，传统文化的传播不再局限于静态的文字或影像呈现，而是更加活跃和有趣。人们能够通过与智能机器人的互动，更深入地了解传统文化的内涵，激发了对传统文化的新鲜感和兴趣。这种新颖的传播方式不仅促进了传统文化的普及，也为文化传承提供了更广泛的平台，有助于更新人们对传统文化的认知感受。

数字化技术的不断深入应用改变了人们对传统文化的认知感受，使得传统文化更具互动性和生动性。通过智能机器人等技术的创新应用，传统文化得以融入现代社会的生活场景中，使得人们更加主动参与到传统文化的学习与传承中。这种数字化时代的创新发展，为我国传统文化的传承注入了新的动力，也为文化领域的数字化转型提供了有益的经验。

二、数字化时代中华传统文化的传承发展所面临的问题挑战

（一）认知方面的局限性

在认知方面存在的挑战主要体现在对数字化技术与我国传统文化之间关系的理解上。数字化技术作为一种传播手段，其与我国传统文化之间的联系并非简单的因果关系，而是涉及传播内容与传播途径之间的复杂互动。尽管数字化技术为传统文化的传播和发展带来积极影响，创新了传播形式，但由于数字化技术相对较新，人们可能更容易陷入对文化表面感受的过度沉浸，而未能进行深入的文化研究。

数字化技术在传播过程中，作为传递传统文化内容的媒介，在强调表面呈现的同时，可能对文化的深度理解提出一定的挑战。人们可能更关注数字化技术所呈现的视觉、听觉等感官层面的刺激，而较少关注传统文化深层次的内涵。这种现象使得传统文化的理论研究和深度思考相对滞后，形成了对数字化时代传统文化认知的一定局限性。

此外，人工智能通过数字化技术向个体提供个性化的文化内容，满足了个性化需求的同时，也可能使人们接触到的文化知识受到一定的限制。由于算法的推

荐机制，用户更容易接触到与其兴趣相符的内容，而忽略了传统文化中的多样性和广泛性。这可能导致人们对我国传统文化的片面认知，错失了更丰富、更多元的文化体验和学习机会。

因此，当前面临的挑战在于如何更好地理解数字化技术对我国传统文化的作用和影响。这需要更多的跨学科研究和深入思考，不仅关注数字化技术的表面现象，更要关注其中蕴含的文化内涵。同时，需要加强对人工智能推荐算法的监管和调整，以确保用户接触到更为丰富、全面的传统文化内容，促使公众在数字化时代对传统文化有更全面深刻的认知。

（二）技术方面的不确定性

若想从根本上对我国优秀传统文化进行升级转化，不仅需要对传统文化因子进行提炼和传播，还需要借助科学技术来转变人们对传统文化的感受，但科学技术目前需要完善以下两个方面。

1.数字化技术对传统文化的升级转化需求

（1）个性化传播与情感需求

在推动我国优秀传统文化升级转化的过程中，数字化技术扮演着至关重要的角色。然而，数字化技术是否能够满足人们的情感需求，实现个性化传播，成为一个重要的不确定性因素。当前，人工智能正在朝着拟人化、数据化和个性化的方向不断发展。个性化传播意味着需要根据不同人群的多元需求提供相应的内容，以实现真正的传播效果。

情感需求与数字化技术紧密相连。人们对传统文化的接受程度与其对文化的情感连接紧密相关。数字化技术是否能够准确把握人们的情感需求，通过智能算法精准推送内容，成为决定传统文化是否能够深入人心的关键因素。科技应当深入挖掘人们的情感体验，借助情感计算、情感智能等技术手段，使传统文化的传播更具感染力，真正触动人们的内心。

个性化传播的提升是数字化技术的一项挑战性任务。在大数据时代，如何有效整合用户行为数据，精准分析用户兴趣，从而实现内容的个性化呈现，是当前需要深入研究的问题。数字化技术需要更加智能地理解用户的文化品位，以推动传统文化向更广泛的受众传播。通过深度学习和算法优化，数字化平台可以更精准地把握用户的喜好，为每个用户提供个性化的传统文化内容，使传播更具针对性和吸引力。

（2）数字化技术的服务创新与传统文化关系

在数字化时代，科技的创新发展成为推动我国优秀传统文化升级转化的主要动力。然而，数字化技术的服务模式与传统文化的关系涉及如何保持人机和谐的传承发展，以及如何合理利用数字化技术为传统文化提供服务，这是需要深入思考和研究的问题。

首先，数字化技术在传统文化的传承发展中必须谨慎保持人机和谐的关系。依赖过度可能导致传统文化呈表面化和形式化的特点，使人们对文化的感受显得短暂而肤浅。科技的进步应当更多地服务于人文的核心，而不是简单地取代或削弱传统文化的深层内涵。数字化技术的应用应当在尊重和保护传统文化的基础上践行，确保其传承不失真、发展不失真。

其次，数字化技术的创新发展需要与传统文化的价值体系相融合。科技创新不应仅仅突出其自身的特点，而是要服务于传统文化的需求。在数字化技术的推动下，应注重合理利用技术手段，促进其更好地为传统文化的传承和发展提供服务。数字化技术不仅仅是传统文化传承的工具，更应成为传统文化发展的有益伙伴。通过数字化技术，我们可以创新传统文化的表现形式，提升其传播效果，同时确保其核心价值得到传承。

因此，数字化技术与传统文化的深度融合需要在保持和谐关系、尊重传统文化的基础上进行。只有在科技与文化相辅相成的情况下，我们才能实现数字化技术对传统文化的有益服务，促使传统文化在数字化时代焕发新的生机。

2.技术方面的不确定性的深层次问题

（1）传统文化因子的提炼和传播

在推动我国传统文化的升级转化中，除了数字化技术的不确定性，还涉及对传统文化因子的提炼和传播的深层次问题。如何在数字化时代对传统文化进行有效提炼，并通过科技手段实现更广泛的传播，是一个需要深入探讨的议题。

传统文化因子的提炼是数字化时代传播传统文化的重要前提。这要求深入挖掘文化内涵，厘清其核心要素。通过技术手段，可以借助自然语言处理、图像识别等技术，对传统文化的文字、音乐、艺术等要素进行系统提炼。这一过程需要跨学科的合作，将文化要素有效数字化，以便更好地与数字化技术结合。

提炼后的传统文化因子需要通过数字化手段实现更广泛的传播。在这一过程中，人工智能、虚拟现实等技术可以被应用于传统文化的再现、互动、传承等方面。通过虚拟现实技术，用户能够沉浸式地体验传统文化场景，增强其参与感与深度认知。数字化手段也可以通过社交媒体、在线平台等途径，将提炼后的传统文化因子推送给更广泛的受众，实现文化传播的全方位、多层次覆盖。

这一过程不仅仅是对传统文化的传承，更是对传统文化的创新。数字化技术提供了更广泛的传播途径和更丰富的表现形式，使传统文化在数字化时代焕发新的生机。同时，这也促使了传统文化与现代技术的融合，推动了传统文化的更新与发展。因此，在数字化时代，传统文化因子的提炼和传播不仅是对传统文化的保护，更是对其活力和创新的注入。

（2）科技发展与人文关怀的平衡

数字化技术的不断发展给传统文化带来了新的可能性，但在这一过程中，科技的进步和人文关怀之间的平衡成为一个关键问题。如何保持科技服务于人文关怀的原则，防止技术本位的过度发展，是一个需要深入思考的课题。

在数字化技术的创新中，应当紧密结合人文关怀，确保其服务于文化的传承、创新和人们对文化的感知。科技发展不应仅仅停留在技术创新的表面层次，而是需要关注传统文化的深厚内涵。数字化技术应当成为传统文化传承和发展的有力工具，促进传统文化与现代社会的融合。这需要在技术的推动下，保持对传统文化价值的敏感性，使技术服务于文化的深层次需求。

然而，数字化技术的推动下，传统文化的数字化处理可能带来文化的流失问题。在数字化的过程中，一些细微的文化特色可能被忽略或消失。例如，过度规范化和标准化可能导致传统文化失去其独特的地方特色和魅力。因此，在科技发展的过程中，需要谨慎处理数字化对文化多样性的影响，避免数字化过程中的文化流失。这可以通过在数字化技术应用中注重文化的多样性，强调个体差异，以及采用更加灵活和多元的数字化手段来实现。

第 三 章

中华优秀传统文化数字化推广的挑战与难题

第一节　中华优秀传统文化数字化推广的伦理问题

一、文化价值与商业化的平衡

（一）商业化的必要性

1. 资金支持与数字化推广

数字化推广作为一项复杂的工程，其成功与否直接关系到资金支持的充足与否。在数字化推广的过程中，涉及技术研发、内容制作、市场推广等多个环节，这些都需要大量的经济投入。因此，资金支持成为数字化推广的重要保障和推动力。

商业化是获取资金的主要途径之一。通过将数字化推广项目与商业模式相结合，推广者可以吸引投资、合作伙伴和赞助商的支持，实现项目的可持续发展。商业化可以通过多种方式实现，例如提供付费内容、开展文化衍生品销售、与品牌合作等。这样的商业模式不仅可以帮助项目获得资金，还可以拓展项目的影响力，提高传统文化在商业领域的可持续发展性。

在商业化过程中，推广者需要审慎考虑商业化的程度。过度商业化可能导致传统文化被过度商品化，失去其独特的文化价值。因此，在追求商业成功的同时，保持对传统文化本质的尊重至关重要。推广者可以通过明确商业化的边界，建立符合传统文化特色的商业模式，实现商业与文化的良性互动。

最后，数字化推广项目还可以寻求其他形式的资金支持，如政府资助、文化基金、非营利组织的支持等。多元化的资金来源有助于降低项目的经济风险，提高数字化推广事业的可持续性。

2. 商业伙伴关系的建立

商业化在数字化推广中不仅仅是获取资金的手段，更涉及与商业伙伴的建立和维护稳健的关系。这一过程是数字化推广事业成功发展的关键因素之一。建立稳健的商业伙伴关系不仅可以提供经济支持，还能为项目提供更多的专业资源，提高数字化推广项目的质量和影响力。

在建立商业伙伴关系时，推广者首先需要明确自身的项目定位、目标和需求。只有清晰了解自己的项目特色和所需支持，才能有针对性地寻找适合的商业伙伴。商业伙伴的选择应该考虑到其在相关领域的专业程度、经验丰富度以及是否与推广项目的理念和文化相契合。

同时，推广者还需要注重与商业伙伴之间的合作合同和协议。明确双方在项目开发、运营和收益分享等方面的责任和权益，防范潜在的合作风险，确保商业伙伴关系的可持续性。合作协议应包括双方的权益分配、项目的经济模式、商业机密的保护等方面的规定，以减少潜在的合作纠纷。

建立商业伙伴关系不仅仅是一次性的合作，更是一个长期的互惠互利过程。推广者需要在合作中保持良好的沟通，及时解决问题，不断优化合作模式，实现合作的双赢。建立起稳定的商业伙伴关系有助于数字化推广项目在商业领域的长期发展，为推广者提供更多机会与资源，推动项目不断创新和进步。

（二）保持文化价值的尊重

1. 文化价值的核心要义

在数字化推广的过程中，要明确传统文化的核心价值，并强调保持对传统文化的尊重。商业化不应该成为抹杀文化独特性的手段，而应与文化价值相辅相成，推动文化传承和推广的共同发展。

首先，理解传统文化的核心价值至关重要。传统文化代表了一个民族、社会或群体的独特精神和智慧，是历史和文化的结晶。在数字化推广中，推广者需要深入研究传统文化的根本内涵，把握其核心要义，以便在推广过程中更好地体现和传递这些价值。

其次，强调尊重传统文化是数字化推广的基本原则。在商业化的背景下，传统文化的推广很容易受到商业利益的影响，因此需要特别注意保持对传统文化的尊重。商业化不应削弱传统文化的独特性，而应该通过商业手段来支持文化的传承与推广。

第三，商业化与文化价值应相辅相成。商业化是数字化推广的重要手段，但其目的不仅仅是赚取利润，更应该与文化价值相辅相成。商业模式可以为传统文化的数字化推广提供必要的资金支持和市场影响力，从而更好地实现文化的传承和推广。

最后，推动文化传承和推广的共同发展是数字化推广的最终目标。商业化和文化传承不是对立的关系，而是可以相互促进的。通过商业化手段获得的资源和支持可以更好地用于传统文化的数字化呈现和推广，促进文化的传承与发展。

2.文化价值评估的标准

在数字化推广过程中，设立明确的文化价值评估标准对于判断商业化过程是否偏离了文化价值的保护至关重要。通过制定文化保护指南、引入专业评估机构等方式，可以为数字化推广者提供可操作的工具，以更好地平衡商业化与文化价值的关系。

首先，建立文化价值评估标准是确保数字化推广不偏离文化保护目标的基础。这些标准应该综合考虑传统文化的核心价值、历史渊源、社会认同等方面的因素。例如，可以明确哪些元素属于核心文化价值，需要得到特别保护，以及如何在数字化推广中合理平衡商业化和文化保护的关系。

其次，制定文化保护指南是实现文化价值评估的重要手段。这些指南可以包括对特定传统文化的数字化呈现的技术要求、使用权限的规定、商业合作的道德标准等内容。通过制定具体的指南，可以为数字化推广者提供明确的操作指引，帮助其在商业化过程中更好地保护文化价值。

最后，引入专业评估机构也是保障文化价值的一种方式。这些机构可以由文化专家、法律专业人士等组成，通过独立的评估和监督，确保数字化推广项目在商业化过程中不偏离文化价值的核心。专业评估机构的介入可以提高评估的客观性和专业性，为决策者提供更科学的依据。

二、数据隐私与个人权益

（一）用户需求了解与数据收集

数字化推广者为更好地满足受众需求，往往需要进行用户数据的收集。然而，在进行这一过程时，必须审慎考虑数据收集的合理性，以确保只收集与推广目的相关的信息，避免对用户隐私的不必要侵犯。

首先，数字化推广者需要明确数据收集的目的。明确的目标有助于确定所需收集的数据类型和范围。推广者应该明白，数据收集是为了更好地了解受众的兴趣、偏好和需求，从而提供更有针对性地推广内容和服务。在收集用户数据时，需要注意避免过度收集无关信息，确保用户隐私的基本权益。

其次，数字化推广者需要遵循相关的法律和道德规范。在不同国家和地区，对于用户数据的收集和使用都有明确的法律规定，包括隐私权法、数据保护法等。推广者应当了解并遵守这些法规，确保数据收集的合法性和合规性。此外，为了建立信任关系，数字化推广者还应遵循道德规范，公开透明地告知用户数据收集的目的和方式，并获得用户的明示同意。

最后，数字化推广者需要采取有效的安全措施，确保用户数据的安全性和隐私保护。这包括采用加密技术、建立安全的数据存储和传输系统，以及定期进行安全性评估等。通过这些措施，数字化推广者可以最大限度地降低用户数据泄露和滥用的风险，保障用户的隐私权益。

（二）透明度与用户知情权

为提高用户对数据采集过程的知情权，数字化推广者应建立透明的数据收集机制。通过隐私政策、用户协议等形式，向用户清晰地说明数据收集的目的、范围和使用方式，以确保用户能够理解并自主选择参与。

首先，建立透明的数据收集机制是保障用户知情权的基础。推广者应在推广平台上明确公示隐私政策，详细说明数据收集的目的和范围，以及数据将如何被使用。这些信息应该以简明易懂的语言呈现，避免使用过于专业或晦涩的术语，以确保用户理解。

其次，通过用户协议形式规范数据收集过程。用户协议是推广者与用户之间的法律协议，可以在其中明确规定数据收集的具体方式、周期和安全措施等。通过签署用户协议，用户能够在清晰的法律框架下参与数字化推广，确保自身权益。

再次，为了提高透明度，推广者可以通过在线教育和信息沟通等方式，向用户解释数字化推广的工作原理和数据处理流程。这可以通过定期发布关于数据使用的通知、在线讲座或互动性问答等形式实现。推广者要鼓励用户提出疑问并积极回应，以建立开放、透明的沟通渠道。

最后，数字化推广者需要尊重用户的选择权，确保用户能够自主选择参与数据收集。推广平台应提供明确的用户选择界面，让用户能够方便地了解和选择是否参与数据收集。同时，随时提供用户撤回同意的选项，保障用户随时停止数据收集。

第二节 技术与设备的限制

一、技术更新的迭代速度

（一）技术手段的不断演进

1. 先进技术的依赖

数字化推广的成功在很大程度上取决于先进的技术手段，例如虚拟现实、人工智能等。这些技术的迅猛发展不仅为传统文化的数字化呈现提供了广阔空间，同时也带来了推广者面临的不断变化的挑战。推广者需要不断学习、研究和应用新技术，以保持在数字化推广领域的竞争力。

首先，虚拟现实技术为数字化推广提供了沉浸式的体验，使用户能够身临其境地感受传统文化。这种技术不仅拓展了传统文化的传播形式，也提升了用户的参与感和体验感。然而，推广者需要时刻关注虚拟现实技术的更新和升级，以确保数字化推广项目能够充分利用最新的技术成果。

其次，人工智能在数字化推广中扮演着越来越重要的角色。通过人工智能算法，推广者能够更好地了解受众需求，实现个性化推广。然而，人工智能技术的复杂性和不断演进的特性使得推广者需要不断学习和适应，以更好地运用这一技术提升推广效果。

最后，随着科技的不断发展，其他新兴技术如增强现实、区块链等也逐渐应用于数字化推广领域，为推广者提供了更多创新的可能性。然而，这些新技术的运用也需要推广者具备跨学科的知识和能力，以更好地结合技术创新和文化传承。

2. 技术升级的迫切性

技术的快速迭代是数字化推广领域不可忽视的现实挑战，其迅速发展可能导致推广项目的过时。因此，推广者在数字化推广过程中必须认识到技术升级的迫切性，以保持项目的竞争力和持续吸引受众的能力。

首先，硬件方面的技术升级至关重要。随着硬件技术的不断进步，推广者需要关注最新的虚拟现实设备、数字媒体播放器等硬件工具。及时采用新一代硬件设备，可以提高数字化推广的表现效果，使用户能够更全面、更真实地体验传统文化。

其次，软件层面的技术升级同样至关紧要。推广者需要关注数字化推广平台、应用程序的更新，确保其能够充分发挥最新软件技术的功能。通过及时更新软件，推广者能够引入更多创新功能，提升用户体验，同时弥补可能存在的安全漏洞，保障数字化推广项目的可靠性。

最后，算法的不断改进也是技术升级的一部分。在人工智能和数据分析领域，算法的升级可以帮助推广者更好地理解受众需求，实现更精准的个性化推广。通过不断改进算法，推广者能够更灵活地应对市场变化，提高数字化推广的效果。

（二）成本与稳定性的考量

1. 成本压力

技术的不断更新与升级通常伴随着高昂的成本，这些成本包括但不限于研发、培训和设备更新等方面的支出。推广者在数字化推广项目中需要认真考虑这些成本，以确保项目的经济可行性和长期可持续性。

首先，研发是数字化推广中成本的重要组成部分。随着技术的不断发展，推广者可能需要不断投入资源进行新技术的研究和开发，以确保项目保持先进性和创新性。这方面的投入可能涉及招聘专业人才、购买研发工具和设备等方面的费用。

其次，培训人员也是一个成本考虑的方面。新技术的引入通常需要培训现有团队或招聘具备相关技能的人员，以确保团队能够熟练操作和维护新的数字化推广工具。培训涉及培训课程的开发、培训师资的支出等方面的成本。

最后，设备更新也是一个显著的开支。随着硬件技术的发展，可能需要更新现有的数字化推广设备，以适应新技术的要求。这包括购置最新的虚拟现实设备、更新服务器和存储系统等硬件成本。

推广者需要进行全面的成本效益分析，权衡项目的技术需求与可用资源。同时，制定合理的预算计划，确保项目在技术升级的同时能够保持经济可行性。这也需要谨慎评估技术的更新周期，以避免频繁的大额支出对项目的财务健康产生负面影响。通过科学的成本管理，推广者能够更好地应对技术更新带来的成本压力，确保数字化推广项目的可持续成功。

2.稳定性和用户体验的平衡

在数字化推广中，技术的不断迭代除了引入新功能外，还可能带来系统不稳定性的问题。推广者需要在技术更新和系统稳定性之间找到平衡，以维护用户体验，避免因技术问题而影响推广效果。

首先，技术的快速迭代可能导致系统在集成新功能时出现问题，引发不稳定性。推广者需要在引入新技术或功能时进行充分的测试和验证，以确保系统的稳定性。这可能涉及建立全面的测试流程和机制，及时发现并修复潜在的问题。

其次，为了避免用户在推广过程中遇到技术故障而产生负面体验，推广者需要在技术更新时提供充足的用户支持和沟通。及时向用户通报系统维护的信息，解释可能出现的不稳定性原因，并提供有效的解决方案，以降低用户体验的负面影响。

平衡技术更新和系统稳定性的关键在于建立科学的技术管理和维护机制。推广者可以采用敏捷开发等灵活的开发方法，将系统的稳定性视为优先考虑的因素之一，而不是仅仅关注新功能的引入。同时，建立紧密的技术团队和用户反馈机制，以便及时了解用户在使用过程中遇到的问题，迅速作出反应。

二、设备普及的不均衡性

（一）地域差异

1.区域性数字化普及分析

为确保数字化推广项目的有效开展，推广者需要进行深入的地域调研，充分了解各地区数字设备的普及程度。这一调研过程涉及多个方面，包括对数字化基础设施、网络覆盖情况以及数字设备拥有率的详细了解，以制定有针对性地推广策略。

首先，推广者应深入研究各地区的数字化基础设施。这包括了解各地的数字化技术发展水平、数字化设备的普及情况以及数字化推广所需的技术支持。通过这一方面的调研，推广者可以明确不同地区数字化基础设施的差异，为项目的实施提供有针对性的技术支持。

其次，网络覆盖情况是影响数字化推广的重要因素。推广者需要了解各地区的网络覆盖范围、带宽情况以及网络质量，以确保数字化推广项目在各地能够顺利进行。这也包括考虑推广内容的适应性，以适应不同网络条件下用户的需求。

最后，数字设备的拥有率直接关系到推广活动的受众范围。推广者需要深入了解各地区数字设备的普及情况，包括智能手机、平板电脑、电脑等各类数字化终端设备的普及程度。通过了解数字设备的拥有率，推广者可以有针对性地选择适应性强、受众广泛的数字化推广手段。

2.区域文化与数字化普及的关联

为了更好地推动数字化普及项目，推广者需考虑到地域文化的差异，并分析数字设备在不同地区的普及状况与当地文化特点的关联。这一综合性的分析有助于推广者更好地了解数字化推广的适应性和可行性，从而更灵活地调整推广策略，提高推广的接受度。

首先，推广者应深入研究各地区的文化特点。不同地域拥有独特的历史、传统和价值观，这些元素直接影响着当地居民对数字化推广的接受程度。通过了解各地文化的特色，推广者能更好地把握受众的需求，有针对性地调整推广内容，使之更符合当地文化的认同。

其次，分析数字设备在不同地区的普及情况。数字化普及水平与地区经济、教育水平等因素有关，也与当地文化特点密切相关。推广者需要深入了解各地数字设备的普及程度，包括设备类型、使用频率等，以更好地制定推广策略。

最后，将文化特点与数字设备普及状况关联起来，以制定更具有区域性特色的数字化推广方案。推广者可以考虑结合当地文化特色设计推广内容，使之更具吸引力和认同感。此外，还可以根据数字设备的普及水平选择更适合的数字化推广手段，确保推广项目更好地融入当地社会背景。

（二）经济水平的影响

1.经济水平对数字设备的影响

为了更好地推动数字化普及项目，推广者需深入研究不同地区的经济水平，了解当地居民的收入水平、购买力等情况。这一研究对于评估受众获取数字设备的能力，制定差异化的推广策略，提供了基础和依据。

首先，推广者需要关注各地区的经济发展水平。不同地区的经济水平存在显著差异，从发达地区到欠发达地区，人们的收入水平和生活水平各异。通过深入研究各地的经济状况，推广者可以了解到当地居民在数字设备方面的购买能力。

其次，了解当地居民的收入水平对数字设备普及的影响。一些地区的居民可能相对富裕，更容易购买先进的数字设备，而在一些经济欠发达的地区，居民可能面临购买力不足的问题。这种差异需要推广者有针对性地调整数字化推广策略，以确保推广项目更好地满足当地受众的需求。

最后，评估受众获取数字设备的能力，制定差异化的推广策略。基于对经济水平的深入研究，推广者可以分析当地居民对数字设备的购买意愿和能力，有针对性地设计推广活动。这可能包括提供经济实惠的数字设备、推出灵活的付款方式等，以满足不同经济水平居民的需求。

2.差异化计划的制订

为了更好地促进数字化普及项目，推广者应根据不同经济水平用户的特点制定差异化的计划，其中包括定价策略、购买优惠等。这样的差异化计划有助于推广项目更好地满足不同经济水平用户的需求，提高推广的包容性。

首先，推广者可以通过制定灵活的定价策略来适应不同经济水平用户的购买能力。对于一些经济相对较好的地区，可以考虑设定相对较高的价格，以覆盖更高端的产品和服务。而对于一些经济水平较低的地区，推广者可以提供更经济实惠的定价，以确保更多用户能够负担得起数字设备。

其次，购买优惠是另一个重要的差异化计划。推广者可以制定购买数字设备的优惠政策，如折扣、分期付款、赠品等，以吸引不同经济水平用户的购买兴趣。通过这样的优惠措施，推广者可以降低数字设备的实际成本，使更多用户能够参与到数字化普及项目中。

最后，推广者还可以根据不同地区的经济水平差异，灵活调整推广策略。在一些较富裕的地区，可以加大推广力度，引入更先进的数字设备和服务。而在一些经济水平较低的地区，推广者可以重点推出价格亲民、功能实用的数字设备，以更好地迎合当地用户的需求。

通过制订差异化的计划，推广者能够更全面地考虑不同经济水平用户的差异性需求，提高数字化普及项目的包容性。这样的计划不仅有助于吸引更广泛的用户群体，也能够更好地推动数字化普及事业的可持续发展。

第三节　用户接受度与文化认同的问题

一、传统文化的吸引力

（一）受众文化背景的深入了解

1.受众文化特征分析

为了更有效地推广数字化项目，推广者应当通过深入调研受众的文化背景，包括宗教、风俗习惯、历史传统等，以全面了解受众的文化特征。这样的深度分析有助于定制推广内容，提高受众的接受度，从而更好地实现数字化推广的目标。

首先，推广者可以通过详尽的宗教文化调研，了解受众所信仰的宗教及相关的文化元素。在数字化推广过程中，要避免触及受众敏感的宗教议题，尊重并体现宗教价值观，确保数字化内容不会引起宗教冲突或不适感。

其次，风俗习惯的调研同样至关重要。了解受众在日常生活中的惯例、礼仪和行为规范，有助于推广者制定更符合当地文化氛围的推广策略。通过融入受众熟悉和认同的风俗元素，数字化推广内容更容易被接受和理解。

最后，历史传统的了解也是深化文化特征分析的重要环节。推广者可以通过研究受众所在地区的历史背景、传统节庆等，将相关元素融入数字化推广内容，使其更具本土文化底蕴，激发受众的文化认同感。

2.兴趣和需求的综合分析

通过深度分析受众的兴趣和需求，推广者能够更准确地把握目标受众的关注点，从而创造更具吸引力的数字化推广内容。这一综合分析的过程包括对受众的个体差异、群体趋势、在线行为等多方面的考察，以确保数字化推广既能保留传统文化的本质，又能紧密贴合受众的实际兴趣和需求。

首先，推广者应该深入了解受众的个体差异。不同的人群具有不同的兴趣爱好、价值观念和消费习惯，因此，推广者需要通过细致入微的调研，挖掘并理解受众个体之间的差异性。这包括年龄、性别、教育程度、职业等多个方面的因素，有助于推广者更有针对性地制定数字化推广策略。

其次，群体趋势的分析也是关键的一环。推广者需要关注社会和文化的动态变化，把握受众群体的主流趋势。这包括了解流行文化、社交媒体热点、时事关注等方面，以更好地融入当下受众关心的话题，使数字化推广更具时尚感和热点性。

再次，对受众的在线行为进行综合考察也至关重要。通过分析受众在数字平台上的行为，推广者可以了解他们的浏览习惯、互动方式、信息获取途径等方面的特点。这为制定更有针对性的数字化推广战略提供了数据支持，使推广内容更符合受众在线行为的期望。

最后，推广者需要将传统文化元素与受众兴趣的契合点结合起来。通过深度挖掘传统文化的精髓，找到与受众兴趣和需求紧密契合的元素，创造出富有创意和吸引力的数字化推广内容。这种综合分析有助于打破传统与现代的藩篱，搭建起数字化推广与受众之间更紧密的联系。

（二）传统文化数字化呈现的挑战应对

1. 保持传统文化本质的技术手段

数字化推广者在保持传统文化本质方面需要深入研究并巧妙运用先进技术手段，如虚拟现实和人工智能等，以在数字平台上还原传统文化的独特魅力。这一过程旨在通过技术手段将传统文化元素呈现在数字环境中，使受众能够在虚拟的体验中感受到传统文化的深厚内涵。

首先，推广者可以借助虚拟现实技术，创造沉浸式的数字化体验，使用户仿佛置身于传统文化场景之中。通过虚拟现实眼镜或头戴式设备，用户可以参与互动、观赏传统艺术表演、游览历史场景等，全面感知传统文化的独特之处。这种技术手段不仅提供了全新的体验方式，同时确保了传统文化的原汁原味。

其次，人工智能的运用也可以为数字化推广增色不少。通过人工智能算法，推广者可以分析用户的兴趣、喜好，实现个性化推荐和互动体验。同时，人工智能还可用于创作具有传统文化特色的内容，例如基于传统文学作品生成新的艺术品，既保留了传统的艺术灵感，又注入了现代科技的创新元素。

最后，尽管运用先进技术手段的同时还原传统文化，推广者必须小心谨慎，避免技术手段对传统文化的过度改变。在数字化的过程中，推广者需保持对传统文化核心价值的尊重，不应仅仅为了迎合数字化趋势而忽略文化的深刻内涵。技术手段的应用应当是一种服务传统文化的手段，而非颠覆其本质的工具。因此，推广者在运用技术手段的同时应保持审慎，确保数字化推广的过程中传统文化得以传承和发展。通过这种方式，数字化推广者可以实现在数字平台上还原传统文化的目标，同时确保其本质在技术手段下得到有效保留。

2. 提升传统文化的现代吸引力

推广者在数字化推广中应通过巧妙的数字化手段为传统文化赋予更强的现代吸引力，以满足当代受众的需求。这包括结合时尚元素、音乐、艺术等多方面的创新，使传统文化在数字平台上焕发出更具生命力和时代感的魅力。

首先，结合时尚元素是提升传统文化现代吸引力的有效途径之一。推广者可以通过数字化手段将传统文化融入时尚产业，设计出符合当代审美的传统文化产品。例如，将传统服饰元素融入时尚设计，打造富有文化底蕴的时尚品牌，使年轻一代更容易接受和喜爱传统文化。

其次，音乐和艺术的结合也是提升现代吸引力的重要手段。通过数字音乐平台、虚拟艺术展览等方式，推广者可以将传统音乐和艺术呈现在年轻人的视野中。例如，借助数字技术创造出融合传统音乐元素和现代音乐风格的作品，或通过虚拟艺术空间展示传统绘画、雕塑等艺术形式，实现传统文化的更新与传承。

最后，结合数字平台的互动性，推广者还可以通过数字游戏、虚拟体验等方式增强传统文化的现代吸引力。设计具有传统文化元素的数字游戏，使用户在娱乐中了解传统文化，提高参与度和接受度。

二、文化认同的传递

（一）跨文化传播的挑战

1. 语言和符号的翻译与解读

在数字化推广过程中，深入了解不同文化群体的语言和符号体系是至关重要的，以避免在翻译和解读中出现误导或失真。推广者需要认识到，文化的差异在语言和符号中体现得尤为明显，因此专业的文化翻译团队的建立成为跨文化传播的关键环节。

首先，语言的翻译涉及语境、词汇和表达方式等多个方面。推广者需要了解目标文化的语境和文化内涵，以确保翻译的准确性和贴切性。直译可能导致文化误解，因此专业的文化翻译团队应具备深厚的语言学和文化学背景，能够在保持原意的基础上更好地适应目标文化的语言特点。

其次，符号的翻译和解读同样至关重要。不同文化中的符号可能有着不同的含义和象征，推广者需要确保在数字化推广中使用的符号能够被目标文化的受众正确理解。专业的文化翻译团队能够准确把握符号的文化内涵，避免因符号误读而导致推广效果不佳。

建立专业的文化翻译团队有助于推广者更好地应对跨文化传播的挑战。这样的团队不仅要具备语言技能，还需要对文化差异有深刻地理解，能够正确理解和传达推广内容的文化内涵。此外，推广者还应与目标文化的本地专业人士合作，以获取更深入的文化洞察力。

总体而言，语言和符号的翻译与解读是数字化推广中不可忽视的环节，其质量直接影响着推广内容在不同文化中的接受度和效果。通过建立专业的文化翻译团队，推广者能够更好地应对文化差异，确保数字化推广在跨文化传播中取得成功。

2. 尊重和适应价值观

在进行跨文化传播时，推广者必须高度尊重并适应不同文化的价值观，以确保推广内容与目标文化的价值体系保持一致，避免引发冲突。这涉及在推广过程中灵活调整策略，以更好地符合受众文化的期望和需求。

首先，尊重不同文化的价值观是成功跨文化传播的基石。每个文化都有其独特的价值观和信仰体系，推广者需要对这些价值观有敏感性，并避免在推广内容中触碰到可能引发不适或争议的领域。理解和尊重目标文化的价值观是建立互信和积极形象的关键。

其次，适应文化价值观要求推广者具备灵活性和包容性。这包括在制定推广策略时考虑到不同文化对于产品或服务的接受标准，以及避免在推广中使用可能引起文化冲突的元素。通过深入了解目标文化，推广者可以调整推广内容，使之更贴合当地的文化期望，提高推广效果。

建议推广者在跨文化传播中充分了解目标文化的社会结构、道德观念、宗教信仰等方面的特征，以确保推广内容不仅符合法规要求，更符合当地人的认知和价值观。此外，与目标文化的代表性人物或组织合作，可以帮助推广者更好地理解和融入当地文化。

（二）跨文化传播的局限性

1. 文化差异导致的局限性

推广者必须认识到跨文化传播的局限性，因为不同文化之间的差异可能导致某些推广内容在特定文化中难以被完全理解和接受。这意味着在制定推广策略时必须充分考虑这些局限性，并采取灵活的手段进行调整，以确保数字化推广在不同文化背景下的成功。

首先，推广者应认识到文化差异可能导致语言和符号的理解差异。同一种语言在不同文化中可能有不同的含义和解读方式，而某些符号可能在某些文化中被视为敏感或具有负面意义。因此，在推广内容中使用的语言和符号需要经过慎重地考虑和适当的调整，以避免误导或引发文化冲突。

其次，推广者需要关注文化差异对审美和审美标准的影响。美学观念在不同文化中存在差异，某些视觉元素可能在一个文化中被认为是吸引人的，而在另一个文化中可能并不具备相同的吸引力。因此，在设计数字化推广内容时，考虑到目标文化的审美偏好是至关重要的，以确保内容更具接受度。

最后，文化价值观的差异可能导致对推广信息的不同理解。推广者需要了解目标文化的价值观念，以确保推广内容与当地文化价值体系保持一致。这可能涉及对某些主题或概念的敏感性的认知，以避免引起误解或争议。

2.持续学习与改进

为了提高跨文化传播的有效性，推广者应保持对不同文化的持续学习，并通过不断改进推广策略来适应多元化的文化需求。这需要采用一系列手段，包括与当地文化专家的合作、定期获取用户反馈等。

首先，与当地文化专家的合作是关键的。文化专家可以提供深入的文化理解和洞察，帮助推广者更好地了解目标文化的细微差异。合作可以通过咨询、参与合作项目或聘请当地专业人士等方式实现。这种协作能够为推广者提供有价值的文化信息，从而有效调整推广策略，以符合目标文化的期望和需求。

其次，推广者需要建立有效的反馈机制。定期获取用户反馈是评估推广效果和调整策略的关键步骤。通过收集用户的意见和建议，推广者可以了解推广内容在目标文化中的表现如何，发现潜在问题，并及时作出改进。这可以通过用户调查、社交媒体互动、在线评论等方式进行。

最后，持续学习是适应文化多样性的重要组成部分。推广者应定期更新自己的文化知识，关注文化发展的新趋势，了解目标受众的变化。这可以通过参加文化研讨会、学术论坛、阅读相关文献等途径实现。通过持续学习，推广者可以更深入地理解目标文化，并更灵活地调整推广策略。

第 四 章

数字化时代中华优秀传统文化的推广模式分析

第一节　中华优秀传统文化数字化推广的基本理念

一、保护传统文化的本质

（一）传统文化传承的工具

数字化技术在传统文化的传承过程中扮演着至关重要的角色，然而其应用必须在传统文化的保护与数字化推广之间取得平衡。数字化技术应当被视为传承工具，而非改变传统文化核心精神的手段。在数字化推广中，关键在于确保文化的原汁原味得以保留，以维护传统文化的历史渊源和根本特征，从而为数字时代的传承奠定坚实基础。

首先，数字化技术作为传承工具应当注重文化的本质。在数字化推广的过程中，不应简单追求技术的先进性，而是要通过技术手段更好地体现和呈现传统文化的内涵。这需要对文化进行深入挖掘，厘清其核心要素，并借助自然语言处理、图像识别等技术对传统文化的文字、音乐、艺术等要素进行系统提炼，使其在数字平台上得以清晰传递。

其次，数字化推广需要尊重传统文化的历史渊源与根本特征。传统文化是凝结着历史、民族和地域等多重元素的瑰宝，数字化技术的应用应当以尊重为前提。在数字化推广的过程中，应深入挖掘历史蕴含的价值，体现中华文化的独特性和深厚底蕴。通过数字化手段，对历史文献、古老传统的数字化保存，有助于确保文化的源远流长得以传承。

最后，数字化推广的目标是使传统文化更好地融入现代社会。数字化技术为传统文化提供了新的表达方式和传播途径，使其能够以更贴近当代人的方式呈现。通过虚拟现实、增强现实等技术手段，传统文化可以在数字环境中实现更深层次的呈现，与现代社会产生更紧密的联系。数字化推广应当在保持传统文化本质的同时，寻找与现代社会相契合的表达方式，推动文化传承与社会进步的有机结合。

（二）尊重历史与根深蒂固的价值观

数字化推广并非仅仅是对技术手段的追求，更是对传统文化价值观的深刻尊重。在数字化过程中，我们应该深入挖掘历史所蕴含的丰富价值，突显中华文化的独特性和深厚底蕴。尊重历史与根深蒂固的价值观，是数字化推广的核心，通过传达这些价值观，实现传统文化在现代社会的再认知，使其焕发新的生命力。

数字化推广旨在通过技术手段更好地体现和呈现传统文化的内涵，而这种内涵深植于历史之中。通过深入挖掘历史蕴含的价值，我们可以更好地理解传统文化的独特性，传承其丰富的文化传统。历史是传统文化的根基，通过数字化推广，我们可以使这个根基更加坚实，让传统文化得以更好地传承和发展。

尊重根深蒂固的价值观也意味着在数字化推广过程中注重文化的原汁原味。传统文化的价值观念是多元而深刻的，数字化推广应当保持文化的真实性，确保文化的本质得以保留。通过数字化手段，我们可以将传统价值观以更直观、更生动的方式呈现给受众，从而引导他们更好地理解和接受这些价值观。

这种尊重历史与价值观的态度不仅仅是对传统文化的尊重，更是对传统文化在数字时代传承的深思。数字化推广不仅仅是技术的应用，更是对传统文化的传承责任的承担。通过传达历史与价值观，数字化推广使得传统文化在当代社会中获得更多认同，焕发新的生命力。

（三）传统文化与数字时代的有机结合

数字化推广的目标不仅仅在于传承传统文化，更加重要的是使传统文化更好地融入现代社会。在数字化时代，传统文化通过数字化手段可以以更贴近当代人的方式呈现，创造更紧密的联系。数字化推广的任务是在保持传统文化本质的同时，寻找与现代社会相契合的表达方式，以促进文化传承与社会进步的有机结合。

数字化推广的关键在于如何将传统文化与现代社会有机地结合起来。首先，需要以尊重传统文化核心价值为前提，确保数字化手段的应用不会改变传统文化的本质。数字化工具应当被视为传承和发展传统文化的工具，而非替代品。这种尊重传统文化的态度有助于数字化推广更好地贴合传统文化的基本特征，使其在数字时代得以传承。

其次，数字化推广需要寻找与现代社会相契合的表达方式。传统文化在数字时代并非僵化地呈现，而是通过数字化手段呈现出更多元、更富有活力的形态。可以借助虚拟现实、互动媒体等技术手段，使传统文化更具现代感，更符合当代人的审美和接受习惯。通过与现代社会相契合的表达方式，传统文化能够更好地融入人们的日常生活，实现与时俱进。

最后，数字化推广旨在促进文化传承与社会进步的有机结合。数字化手段不仅仅是为了保护传统文化，更是为了使其在社会进步的过程中发挥更积极的作用。数字化推广有助于传统文化更广泛地被认知和接受，从而在社会中产生更大的影响。通过有机结合，传统文化能够更好地适应社会的发展，为社会进步注入新的文化力量。

二、尊重历史与传统价值观

（一）保留历史渊源

在数字化推广的进程中，保留历史渊源是尊重传统文化价值观的基础和关键。数字化技术在传承中扮演着重要的角色，其应用不仅是为了实现传统文化的数字存档，更是为了通过科技手段将历史深厚的文化渊源传承下来，以确保传统文化的根深蒂固和源远流长。

数字化推广旨在通过先进的技术手段来传承和弘扬传统文化，而历史渊源的保留是这一过程的首要任务。通过数字化技术，可以将古老的文献、艺术品、音乐等多样的传统文化元素进行数字化保存，确保其在时间的冲刷中得以保全。数字化手段还能够通过高清影像、虚拟现实等技术手段还原历史文化场景，使人们更加直观地感受到传统文化的历史底蕴。

保留历史渊源不仅仅是对物质文化的数字化保存，更是对历史文化的深刻理解和解读。数字化技术可以通过自然语言处理、图像识别等技术，深入挖掘传统文化的内涵，分析历史文献、经典著作，使得传统文化的价值观念得以清晰呈现。这种数字化的深度解读不仅有助于更好地理解历史文化，也为传统文化在数字时代的传承提供了更为丰富的素材和参考。

最后，数字化推广还可以通过开展数字化的文化研究和学术交流，促使更多学者深入研究传统文化的历史渊源。数字化平台为学者提供了更广阔的研究领域，也为各地区的文化学者提供了交流的平台，促进了学术界对传统文化历史的共同研究。

（二）传统价值观的深刻尊重

数字化推广在传统文化传承中不仅仅是技术手段的应用，更是对传统文化价值观的深刻尊重。这种尊重不仅表现在数字平台的内容传递中，更体现在对传统伦理、道德观念的注重与传承上。数字化推广应当致力于通过科技手段传达传统文化的核心价值，使受众更好地理解和认同中华传统文化的精髓。

在数字化推广中，尊重传统文化的价值观念是推动文化传承的核心。数字化手段不仅仅是对传统文化的技术转化，更是通过数字平台传递传统文化的伦理、道德观念。通过数字媒体，可以将传统文学、经典著作、哲学思想等融入内容传播，使传统文化的价值观在数字时代得以传承和弘扬。例如，通过数字化技术，可以制作具有传统文化价值观的短视频、动画等形式，通过生动有趣的方式展现中华传统的伦理道德，深受年轻一代受众的喜爱。

尊重传统文化价值观念的数字化推广还体现在对历史故事、传统经典的深度解读。数字化手段可以通过自然语言处理、文本挖掘等技术，深入挖掘传统文化背后的伦理观念和价值判断。这种深度解读有助于呈现传统文化价值观的多维度、多角度，使受众更全面地理解中华传统文化所包含的丰富内涵。

最后，数字化推广还可以通过创建在线社群、论坛等互动平台，促进传统文化价值观的深度讨论。通过数字平台，人们可以自由表达对传统文化价值观的看法，促进传统价值观念与当代社会的有效沟通与融合。这样的互动平台有助于形成传统文化价值观的共识，使其在数字时代更好地传承和传播。

三、融入现代社会

（一）贴近当代人的方式呈现

1. 数字化手段的应用

在数字化时代，传统文化得以通过先进的数字化手段更贴近当代人。移动应用、社交媒体以及虚拟现实等技术为传统文化呈现提供了全新的可能性。通过手机应用，人们可以参与各种互动体验，使得传统文化以更加生动、直观的方式吸引年轻一代的关注。

社交媒体成为传统文化数字化推广的有力工具。通过在社交媒体平台上分享传统文化的内容，如图片、短视频等，可以迅速传播文化元素，引发广泛关注。这样的数字传播方式不仅能够保留传统文化的经典之处，同时通过与当代社会话题相结合，使其更贴近年轻一代的审美和兴趣。

虚拟现实技术为传统文化的呈现提供了全新的体验。通过虚拟现实设备，人们可以身临其境地感受传统文化的魅力，参与互动式的虚拟场景。这种数字化手段让传统文化焕发出新的活力，将古老的文化元素与现代技术有机融合，创造出引人入胜的文化体验。

数字化时代的互动体验也在手机应用中得以实现。通过用户参与的互动性设计，传统文化变得更具吸引力。手机应用提供了便捷的途径，让年轻一代能够随时随地参与传统文化的学习和体验。这样的数字互动体验不仅使文化传承更具趣味性，同时也促使年轻一代更主动地投入其中，为传统文化注入新的活力。

2.多媒体展示与传播

运用多媒体手段，如视频和音频等，是将传统文化以更富有创意和艺术感的方式呈现给当代人的有效途径。通过结合影像和声音的表现形式，能够更生动地传递文化内涵，激发受众的兴趣。这种多媒体展示与传播方式不仅有助于保留传统文化的经典之处，还能够巧妙地融入现代审美，使之更符合当代人的审美趣味。

在数字时代，视频成为传播信息直观、极具吸引力的形式之一。通过制作精美的传统文化视频，可以将古老的文化元素以生动的画面和动人的音乐呈现在观众面前。这样的多媒体展示方式不仅提供了一种直观的学习途径，同时也为年轻一代创造了更有趣味性的文化体验。

音频作为另一种多媒体手段，也在传统文化的展示中发挥着重要作用。通过音频的传播，可以将传统文学、音乐等元素直接输入受众的耳朵，营造出浓厚的文化氛围。音频展示不仅可以用于传统文化的讲解解读，还可以通过音乐、戏曲等形式呈现出传统文化的独特韵味。

多媒体展示与传播的优势在于它能够跨越时空的限制，让传统文化以更为直观和感性的方式传递给观众。通过运用先进的技术手段，可以将古老的传统文化注入现代的创意，使其更富有现代感。这种融合了传统与现代的多媒体呈现方式，为传统文化在当代社会中的传承和发展提供了有力支持。

（二）传承基础的更新

1.数字化传承平台的建设

数字化传承平台的建设是推动传统文化在当代社会中传承与发展的关键一环。通过这一平台，可以将传统文化以数字化形式进行存档，从而保留其原汁原味，为后代提供更为便捷的学习途径。这样的数字传承平台在不断更新中，使得传统文化得以在更广泛的领域中传播，焕发新的生命力。

在数字时代，人们对信息的获取要求更为便捷和高效。数字化传承平台通过将传统文化数字化，使得这些文化元素能够通过网络等渠道全球传播。这样的平台为传统文化的传承提供了全新的可能性，不再受限于地域和时间。无论是古代文学、绘画、音乐还是传统手艺等，都可以通过数字平台被广泛传阅，使得传统文化走进更多人的生活。

数字传承平台的不断更新也保证了传统文化在当代社会中的活力。通过引入新的科技手段，如虚拟现实、人工智能等，数字传承平台不仅仅是简单的信息存储工具，更成了一个融合了互动性和创新性的学习平台。这种平台不仅能够吸引年轻一代的兴趣，还能够促使传统文化与现代科技的深度融合，推动文化的创新发展。

数字化传承平台的建设不仅仅是传统文化传承的一种手段，更是将传统文化与现代社会紧密相连的纽带。通过数字传承平台，人们能够更全面地了解、感知传统文化，使之不再局限于书本和实体场馆，而是以更为活跃、多元的形式存在。

2. 虚拟社群的构建

借助数字化手段，建立虚拟社群成为推动对传统文化兴趣者在线学习与交流的有效途径。通过构建这样的虚拟社群，对传统文化感兴趣的人们能够在线上进行深度交流，分享知识，促进文化的传承与发展。这种形式的社群建设为年轻一代提供了更轻松、便捷的途径来了解和参与传统文化，形成一个活跃的文化传承社区。这种虚拟社群的建设赋予了传统文化的传承更为生动和有趣的面貌。

在虚拟社群中，人们可以通过文字、图像、音频、视频等多媒体形式进行信息传递，实现在线互动。这种形式不仅使得传统文化的学习更加生动有趣，还能够激发年轻一代的学习兴趣。通过在虚拟社群中分享传统文化的知识、体验和感悟，成员们可以相互启发，形成集体学习的氛围，促使传统文化得以更好地传承。

虚拟社群的建设不仅仅是一个线上的学习平台，更是一个社交空间。通过在线社交，年轻人可以找到志同道合的伙伴，建立起共同的文化认同，形成一个紧密的群体。这样的社群不受地域限制，可以聚集全球对传统文化有兴趣的人，推动跨文化的交流与融合，使得传统文化得到更广泛的传播。

在虚拟社群中，还可以利用人工智能技术提供个性化的学习推荐，根据每个成员的兴趣、水平和学习习惯进行定制化的内容推送。这样的个性化学习体验更能够吸引年轻人的关注，提高他们对传统文化的学习积极性。

3.数字艺术的创新应用

数字艺术的创新应用为传统文化注入了新的时代元素，促进了其更广泛的传承与发展。通过运用数字艺术手段，艺术家们可以巧妙地将传统文化与现代技术相结合，产生独具创意的艺术作品，赋予传统文化新的生命力。

一个显著的例子是将传统绘画艺术与数字绘画技术相融合。传统的中国绘画以水墨为主，注重笔墨之间的意境与情感表达。通过数字绘画技术，艺术家们可以在传统的基础上进行创新，利用数码工具创造更具有层次感、动态感的作品。数字艺术的应用为绘画提供了更为广阔的创作空间，使得传统绘画得以在数字时代焕发新的艺术魅力。

这种创新性的数字艺术应用不仅仅是单一领域的尝试，还可以延伸到多个方面。在数字化的时代，艺术家们可以通过虚拟现实技术创造出身临其境的艺术体验，让观众更深刻地感受传统文化的内涵。此外，数字艺术还可以应用于文化创意产业，通过数字技术创作衍生品，推动传统文化的市场化传播。

数字艺术的创新应用不仅仅是在传统文化领域进行的尝试，同时也对艺术创作本身提出了新的要求。艺术家们需要不断学习掌握数字技术，以更好地将其运用到创作中，使得数字艺术既能够传承传统文化，又能够突破传统，展现新的艺术表达形式。

第二节 社交媒体与数字平台在中华优秀传统文化推广中的作用

一、社交媒体的传播效应

（一）社交媒体平台的普及与使用

1.社交媒体的广泛渗透

社交媒体平台在当代社会得到了广泛的渗透，成为人们日常生活中不可或缺的一部分。新浪微博、微信、抖音等社交媒体平台的用户数量庞大，使用率高，使得这些平台成为信息传递、互动交流的重要媒介。在中华优秀传统文化推广方面，社交媒体通过其普及性，为文化传播提供了广阔的传递通道。

2.社交媒体的多元功能

社交媒体平台不仅仅是信息传递的工具，还拥有丰富的互动功能。用户可以通过发布文字、图片、视频等形式的内容，与他人分享观点和经验。这种多元功能使得社交媒体成为一个富有创意和趣味性的平台，为中华传统文化的推广提供了更多元化的展示方式。

3.社交媒体的即时性

社交媒体具有即时性的特点，用户可以实时获取信息、参与讨论。这一特性使得中华传统文化的推广能够迅速响应社会热点、传递紧急信息，提高文化传播的时效性和效果。

（二）社交媒体的受众覆盖

1.无时空限制的信息传播

社交媒体平台的信息传播不受时间和空间的限制，用户可以随时随地获取信息。对于中华传统文化的推广而言，这种无时空限制的传播方式有助于将文化内容传递到全球各地，使得受众不再受制于地理位置和时间差异。

2.跨年龄、地域、文化背景的受众群体

社交媒体平台的用户群体涵盖了各个年龄层、地域和文化背景。通过在社交媒体上发布中华传统文化的相关内容，可以触达不同群体的用户，提高文化传播的覆盖面，实现对多元社会群体的文化推广。

（三）用户参与互动性

1.点赞、评论、分享等互动机制

社交媒体通过点赞、评论、分享等互动机制，激发用户参与文化传播的积极性。用户可以表达自己的看法、分享个人体验，形成用户生成内容（UGC），从而形成热门话题，引发更多人关注中华传统文化。

2.社交媒体营造的文化氛围

通过社交媒体的互动性，用户之间形成更为紧密的联系，营造出一个共同关注中华传统文化的文化氛围。这种文化氛围有助于形成社会共鸣，推动文化推广活动更具有社会影响力。

二、创意内容在数字平台上的呈现

（一）数字平台的多元性与便捷性

1.数字平台的多元性

数字平台的多元性使得创意内容可以以多种形式呈现，包括文字、图片、音频、视频等。这为中华传统文化提供了更加灵活和多样化的展示空间。用户可以通过阅读文字、欣赏图片、聆听音频或观看视频等多种形式来感知和了解传统文化。这种多元性不仅能够满足不同用户的需求，也丰富了文化传播的表达方式，使传统文化更具吸引力。

2.数字平台的便捷性

数字平台的便捷性是其一大特点，用户可以随时随地通过电脑、手机等设备获取文化信息。传统文化的数字化呈现使得用户不再受限于地点和时间，极大地提高了文化传播的便利性。用户可以在工作、学习或休闲的时候浏览数字平台上的内容，轻松获取中华传统文化的精髓，进一步促进文化的传承和弘扬。

3.数字平台的互动性

数字平台不仅仅是信息的呈现工具，还具有强大的互动性。用户可以通过点赞、评论、分享等方式与创意内容进行互动，形成用户生成内容（UGC）。这种互动性为用户提供了更多参与文化传播的机会，增强了用户对传统文化的参与感和归属感。

（二）数字平台创意内容的深度挖掘

1.多媒体形式的创意呈现

数字平台提供了多媒体形式的创意呈现方式，例如短视频、图文并茂的展示。通过这些形式，可以更生动地展示中华传统文化的瑰丽之处，使用户在短时间内全面了解文化的内涵。这种创意呈现方式有助于提高用户对传统文化的浸润感和兴趣度。

2.在线互动与深度参与

数字平台的互动性促进了用户对创意内容的深度参与。用户可以通过在线问答、互动活动等形式更深入地了解传统文化的历史、故事和背后的哲学思考。这种深度参与有助于提升用户对传统文化的认知水平，推动文化传承的深度挖掘。

3.数字平台创意内容的实时更新

数字平台具有实时更新的特性，可以随时推送新的创意内容。这有助于保持用户对中华传统文化的新鲜感和好奇心。通过及时更新创意内容，数字平台可以不断激发用户的文化兴趣，促使用户长期关注和参与文化传播。

（三）数字平台与文化产业的融合

1.文化创意产业的数字化发展

数字平台与文化创意产业的融合推动了中华传统文化在数字时代的发展。文化创意产品在数字平台上得以在线展示和销售，为传统文化的市场化推广提供了便捷途径。这种数字化发展使传统文化更好地融入当代生活，提升了文化产业的经济效益。

2.数字平台推动文化产业的创新

数字平台的不断更新和创新激发了文化产业的创新活力。通过数字技术的应用，文化产业可以推出更具创意和艺术性的产品，吸引更多受众。数字平台为文化产业提供了更广泛的发展空间，使传统文化在当代社会焕发出新的生命力。

第三节　跨界合作与创新推广模式

一、艺术与科技的融合

（一）数字化展览与虚拟现实技术的应用

1.数字化展览平台的创新

（1）合作开发数字化展览平台的必要性

数字化展览平台的合作开发是艺术与科技融合的关键一环。合作能够集聚各方的专业知识，确保数字化展览在技术和艺术层面都达到最佳水平。合作还可以促使不同领域的专业人才共同思考如何更好地传达传统文化的内涵，从而创造更有深度和广度的数字展览。

（2）数字化展览平台的设计理念

数字化展览平台的设计需要考虑观众的互动体验。通过引入用户友好的界面、虚拟导览和多媒体元素，观众可以更直观地了解传统文化。此外，数字化展览平台还应具备多平台适配性，以确保更广泛的观众群体能够轻松访问。

2.虚拟现实技术的全方位运用

（1）虚拟现实技术的沉浸式体验

虚拟现实技术不仅仅是数字展览的附加元素，更是提供沉浸式体验的关键。观众可以穿戴虚拟现实设备，沉浸在虚拟空间中，仿佛置身于传统文化的原生场景。这种身临其境的体验大幅提升了文化传承的深度和吸引力。

（2）虚拟现实技术在教育中的应用

虚拟现实技术为文化教育提供了全新的可能性。学生可以通过虚拟现实体验历史事件、参与艺术创作过程，从而更深入地理解和体验传统文化。这种教育方式既丰富了学习过程，又提高了学习的趣味性和深度。

（二）人工智能与文化创意的结合

1.人工智能技术的运用

人工智能技术的运用与科技行业的合作为传统文化创意注入了新的动力。通过运用先进的人工智能算法，艺术创作在传统文化领域迎来了前所未有的革新。这一技术创新使得艺术家能够借助人工智能的力量创作出独具传统风格的艺术作品，实现了传统与现代的巧妙交融。在传统文化的创意领域，人工智能的引入为创作者提供了更广阔的创作空间。

人工智能算法的应用在传统文化创意中具有显著的优势。首先，人工智能技术可以深入研究传统文化的艺术元素，通过学习大量古代艺术品和历史文献，生成具有传统文化特色的艺术作品。这种基于大数据的学习能力，使得人工智能系统能够准确捕捉传统文化的精髓，创作出更为地道和独特的艺术品。

其次，人工智能算法的创作过程具有高度的智能性和创新性。通过深度学习和生成对抗网络（GAN）等技术，人工智能可以模拟出传统艺术家的创作风格，并在此基础上进行创新，生成新颖而富有传统文化韵味的作品。这种创作过程不仅能够提高文化创意的独特性，也为传统文化的传承与发展带来了更为丰富的可能性。

最后，人工智能技术还能够与传统文化进行深度互动。通过利用自然语言处理技术，人工智能系统能够理解观众对传统文化的需求和反馈，进而调整创作策略，实现更贴近受众心理的文化创意。这种个性化、智能化的交互模式有助于提高传统文化在当代社会中的吸引力和影响力。

2.智能文化推广平台

智能文化推广平台的建设标志着文化推广领域在数字化时代的新发展。通过智能化的推广平台，个性化的文化体验得以实现。这一平台基于先进的人工智能技术，通过分析用户的兴趣和历史浏览记录，精准地为用户推荐相关的传统文化内容，从而满足个性化的文化需求。这种个性化推广不仅提高了文化信息的传播效率，也为用户提供了更为优质的文化体验。

首先，智能文化推广平台借助人工智能的算法和机器学习技术，能够深入挖掘用户的兴趣。通过分析用户在平台上的行为，如搜索历史、点击记录等，智能系统能够建立起对用户兴趣的精准模型。基于这些模型，平台可以为用户提供个性化、精准的传统文化推荐，使用户更容易找到符合自己口味的文化内容，提高其对传统文化的兴趣和参与度。

其次，智能文化推广平台还能够实现内容的多样性和深度挖掘。通过对用户的历史浏览记录进行分析，系统可以发现用户潜在的兴趣领域，为其推荐更为广泛而深入的传统文化内容。这种个性化推广不仅能够满足用户已知的兴趣，还有助于拓展用户对新领域文化的了解，促进文化传承与创新的全面发展。

最后，智能文化推广平台的个性化服务也促进了文化参与互动。通过与用户建立更为紧密的连接，平台能够及时获取用户的反馈和需求，进而调整推广策略。这种双向的沟通模式使得文化传播更具活力，用户更加成为文化推广的参与者，形成了一个互动性强、社群感强的文化推广生态。

二、跨界合作的开创性

（一）文化与旅游业的跨界合作

1. 传统文化展览与旅游景区融合

在文化与旅游业的跨界合作中，一种创新的方式是通过在旅游景区内举办传统文化展览，实现了传统文化与旅游景区的有机融合。这一合作模式为游客提供了感受传统文化独特魅力的机会，同时也为景区注入了更为丰富的文化内涵。具体而言，可以通过在古建筑内举办绘画、书法展览等文化艺术活动，展示传统艺术的魅力。这种形式使游客在欣赏自然美景的同时，还能够沉浸于传统艺术之中，获得更丰富的文化体验。

此外，传统文化体验活动也是该合作模式的重要组成部分。景区可以开展传统文化体验活动，例如传统手工艺制作工坊，让游客参与其中，深度体验传统文化的魅力。通过亲手制作传统手工艺品，游客更能够感受到传统文化的博大精深，增强他们对传统文化的认同感和情感投入。

这种文化与旅游的深度融合不仅拓展了旅游业的服务领域，为游客提供了更为丰富的旅游体验，也实现了传统文化在旅游业中的传播。传统文化的展览和体验活动成为旅游景区的一大亮点，吸引了更多的游客，推动了景区的知名度和吸引力。

2.传统文化主题旅游产品的推出

跨界合作的另一创新方式是与旅游业伙伴共同推出以传统文化为主题的旅游产品，为游客提供独特的文化体验行程。这一合作模式通过设计富有文化内涵的旅游产品，如参观历史名胜、欣赏传统文化表演，以及品味传统美食等，旨在吸引更多游客，为他们提供更为深度、全面了解传统文化的机会。

首先，这些以传统文化为主题的旅游产品可包括参观历史名胜古迹。合作伙伴可以与相关文化机构合作，在旅游路线中设置历史悠久、具有代表性的古迹和建筑，使游客能够身临其境地感受传统文化的厚重历史。这样的行程设计不仅让游客欣赏到传统文化的独特魅力，同时也激发了他们对历史的好奇心。

其次，传统文化表演也是文旅产品中的亮点。通过与文化艺术团体合作，推出具有地域特色、富有传统文化表现形式的演出，如传统戏曲、舞蹈、音乐等，为游客呈现精彩纷呈的文化盛宴。这样的体验不仅让游客欣赏到传统艺术的精湛技艺，还让他们更深刻地了解当地的文化底蕴。

最后，品味传统美食也是文旅产品中不可或缺的一环。合作伙伴可以与当地特色餐厅或厨师团队合作，为游客提供正宗的传统美食体验，让他们通过味觉去感知文化的独特魅力。这样的安排不仅满足了游客的味蕾享受，同时也促进了传统美食文化的传承和发展。

（二）文化与商业的融合

1.时尚品牌与传统文化的合作

时尚品牌与传统文化的合作为文化与商业领域的跨界合作带来了全新的创新方式。这一合作模式通过与知名时尚品牌的紧密合作，推出以传统文化元素为灵感的服装系列，旨在使传统文化焕发新的生命力，并成功融入年轻人的时尚圈。这种合作不仅有助于扩大传统文化的影响力，同时也在商业领域实现了双方的共赢。

首先，合作的核心是以传统文化元素为灵感的时尚服装系列。通过融入传统文化的设计元素，如传统图案、刺绣工艺、古老的色彩搭配等，时尚品牌能够创造出富有独特韵味的时尚单品。这些服装系列既保留了传统文化的经典之处，又通过时尚品牌的设计和推广，成功吸引了更多年轻消费者的目光。

其次，合作通过时尚品牌的广泛渠道实现了传统文化的传播。时尚品牌通常拥有庞大的销售网络和广泛的宣传渠道，能够将传统文化的时尚元素传递到更广泛的消费者群体中。这不仅促进了传统文化在时尚领域的传播，也为时尚品牌带来了更具独特性和文化底蕴的商品，提升了品牌形象。

同时，这种合作也促进了文化产业的发展。时尚品牌与传统文化的融合不仅在商品销售上取得成功，在文化创意产业中也推动了更多的创新和合作。通过推出相关的文化周边产品、合作款式等，双方能够更全面地挖掘传统文化的内涵，拓展文化产业的多元发展。

2.科技公司与传统文化的融合

科技公司与传统文化的融合为文化与科技领域的跨界合作带来了新的创新动力。这一合作模式通过与科技企业的协同，推出基于传统文化主题的文化衍生品，例如虚拟现实应用或互动游戏，旨在吸引年轻一代的关注。这种融合不仅将传统文化以创新的方式呈现在新的媒介中，还能够拓展文化的传播途径，实现传统文化传承与商业价值的有机结合。

首先，通过科技公司的技术支持，可以推出基于虚拟现实（VR）应用的传统文化体验。用户可以通过虚拟现实设备身临其境地参与传统文化场景，如历史名胜的虚拟导览、传统文化表演的全景观赏等。这样的应用既保留了传统文化的原汁原味，又通过科技手段增添了新的艺术和娱乐价值，使文化体验更加立体和生动。

其次，合作推动了基于传统文化主题的互动游戏的开发。通过整合传统文化元素，设计富有创意和趣味性的游戏，科技公司与文化机构共同创造了新颖的文化娱乐形式。这样的互动游戏不仅能够吸引年轻用户，还能够促使他们更深入地了解和体验传统文化，实现了文化传承与科技娱乐的完美结合。

与此同时，融合科技的传统文化衍生品也在商业上取得成功。虚拟现实应用和互动游戏作为具有市场吸引力的产品，为文化机构和科技公司带来了双赢的商业机会。文化衍生品的销售不仅为传统文化注入了新的商业价值，也在科技产业中推动了新的市场需求。

（三）文化与教育的深度融合

1.传统文化融入学校教育课程

传统文化的融入学校教育课程是文化与教育领域跨界合作的一项重要任务，

旨在通过教育机构与学校的合作，使传统文化成为学生学习和成长过程中不可或缺的一部分。这一合作模式通过在学科课程中嵌入传统文化元素，为学生提供更全面、深刻的文化体验，培养对传统文化的兴趣和认知。

首先，通过在历史课程中融入传统文化元素，学生可以更直观地了解中国悠久的历史，感受传统文化的渊源。从古代文明、历史事件到传统价值观念的演变，学生能够通过具体案例更好地理解传统文化在历史发展中的独特地位。这样的教学方法不仅为学生提供了对历史的更深刻理解，也使他们在学习中与传统文化建立更为密切的联系。

其次，艺术类课程也是传统文化融入学校教育的重要领域。在艺术、音乐、舞蹈等课程中引入传统文化的元素，可以激发学生对传统文化艺术的热爱。通过学习传统绘画、传统音乐等，学生能够亲身感受到传统文化对艺术的深远影响，培养审美情感，同时也为传统艺术形式注入新的生命力。

最后，在社会学科中融入传统文化元素，如传统礼仪、道德观念等，有助于培养学生的综合素养。学生能够通过对传统文化的学习，形成积极向上的人生观和价值观，提升个人修养，培养社会责任感。

这种深度融合不仅使传统文化在学校教育中得到更好的传承，也为学生提供了更为全面和深刻的人文教育。通过学校教育课程的融入，年轻一代能够更好地理解和认同传统文化，为传统文化的传承与发展注入了新的动力。

2.举办文化教育活动

跨界合作的文化教育活动是一项推动传统文化传播的重要途径。通过与学校合作，举办传统文化讲座和工作坊，可以为学生提供更全面的文化体验，深入挖掘传统文化的内涵，同时为学校提供了多元化的教育资源。

首先，通过传统文化讲座，专业人士可以深入浅出地讲解传统文化的来龙去脉、发展历程和当代价值。学生通过专业人士的讲解，可以更系统地了解传统文化，拓展对文化的认知，激发对传统文化的浓厚兴趣。这种面对面的讲解方式使学生能够更深入地感受传统文化的魅力，同时专业性的讲解也有助于提高学生对传统文化的认知水平。

其次，通过工作坊形式的文化教育活动，学生能够更加亲身地参与到传统文化的传承中。例如，传统文化手工艺制作工坊、传统音乐演奏体验等活动，能够让学生通过实际操作更深刻地理解传统文化的技艺和魅力。这样的互动体验不仅能够增加学生对传统文化的了解，还可以培养学生的动手能力和团队协作精神。

这种深度融合为学校提供了更广泛的教育资源，打破了传统教育的界限，使学生在学习过程中能够更全面地接触和体验传统文化。同时，通过学校作为平台，这样的文化教育活动也能够更广泛地传播传统文化，为社会提供丰富多彩的文化交流。

第四节　数据分析与个性化推广策略

一、数据驱动的推广策略

（一）文化数据分析的重要性

1.深入分析受众行为与兴趣

在传统文化推广中，深入分析受众的行为和兴趣是确保推广策略有效性的基础。通过对社交媒体互动数据的细致分析，推广者能够深刻了解受众在数字平台上的参与程度和关注点。这些社交媒体数据包括用户的点赞、评论、分享等行为，通过分析这些数据，推广者可以洞察受众对于传统文化在数字平台上的互动程度以及他们更偏好的文化元素。

同时，对线上线下活动参与情况进行深入分析同样具有重要意义。这种分析有助于推广者了解受众对于传统文化实体活动的态度和兴趣。通过收集活动参与的数据，包括参与人数、参与时长、反馈意见等，推广者能够建立更为全面的受众画像。这样的画像不仅包括受众的数字行为，还融入了他们对于传统文化的实际参与体验，为更准确地把握受众需求提供了更为全面的信息。

这种深入的行为和兴趣分析不仅限于数字化平台，还可以延伸到传统媒体的观看习惯、线下文化活动的参与程度等方面。综合考量数字平台和实体活动的数据，推广者可以更好地理解受众对传统文化的真实兴趣和需求。这有助于推广者在制定后续推广策略时更为精准地选择推广内容、渠道和形式，以更好地满足受众的文化消费习惯和期望。

2.定量和定性数据的综合应用

在传统文化推广中，定量数据和定性数据的综合应用是数据分析的关键环节，为推广者提供了更为全面深入的受众洞察。定量数据提供了推广效果的具体度量，例如通过统计活动参与人数、社交媒体转发量等指标，推广者可以得知推广活动的影响范围和传播效果。然而，仅仅依赖于这些数量化的数据难以揭示受众对于文化活动的真实体验和感受。

与此同时，定性数据通过收集用户的评论、反馈等深层次信息，为推广者提供了更为丰富和深刻的洞察。例如，用户的评论可能包括对于传统文化活动的情感体验、对于文化元素的理解、对于推广形式的期望等内容。这样的定性数据能够帮助推广者更好地理解受众在文化活动中的参与感受，以及他们对于推广内容的个性化需求。

综合定量和定性数据的应用是实现更全面洞察的关键。通过对这两类数据的交叉分析，推广者能够更准确地把握受众的文化消费习惯和情感需求。例如，某个推广活动吸引了大量参与者，但通过定性数据发现其中存在一些负面评价，推广者便可以进一步优化活动内容，以提升用户体验和满足他们的实际需求。

这种综合应用的数据分析方法不仅使推广策略更为科学和精准，也有助于推广者更好地理解受众的多样性和复杂性。通过深度挖掘数量和质量并重的数据，推广者能够更有力地推动传统文化的传播，满足不同受众的文化需求，实现更高效的文化推广。

3.实时数据分析与灵活策略调整

实时数据分析与灵活策略调整是传统文化推广中至关重要的环节。数据分析并非一次性的任务，而是需要在推广活动进行的过程中持续进行的。通过实时监测和分析数据，推广者能够迅速了解推广活动的效果和受众反馈，从而及时做出调整。

首先，社交媒体互动数据的实时监测是其中的一个关键方面。通过观察用户的点赞、评论、分享等行为，推广者可以迅速了解受众对于推广内容的喜好和反应。如果某一内容在社交媒体上引起热议，推广者可以迅速调整策略，加大该内容的推广力度，以扩大影响力。相反，如果某一推广方向并未引起用户的关注，推广者可以及时停止或调整相关活动，以避免资源浪费。

其次，实时数据分析还涉及线上线下活动的参与情况。通过收集参与人数、参与者反馈等信息，推广者可以快速了解活动的受欢迎程度和存在的问题。如果某一线下活动的参与人数较多，推广者可以考虑增加类似活动的频次，以满足更多受众的需求。反之，如果某一线上活动效果欠佳，可以迅速调整内容或形式，提升用户参与度。

这种实时性的数据分析与灵活策略调整能够使传统文化推广更加适应受众的变化和社会环境的动态。通过及时获取并应用反馈信息，推广者可以更精准地满足受众的需求，提高推广效果的灵活性和针对性。

（二）定量和定性数据的结合应用

1. 精确度量推广效果的定量数据

在传统文化推广中，精确度量推广效果是至关重要的任务，而这需要通过定量数据进行详尽的分析。定量数据的应用不仅限于简单的统计数字，更应着重于对推广效果的深入测量。通过对各项指标的准确测量，推广者可以全面了解活动参与人数、社交媒体互动量、线下展览观众数量等关键数据，这些量化数据将直观地反映推广活动的实际效果，为推广者提供制定下一步策略的具体依据。

首先，通过定量数据测量活动参与人数，推广者可以了解活动的受欢迎程度和影响范围。这可以通过线上线下活动的注册人数、参会人数等具体指标进行测量。定量数据的应用使推广者能够更精准地评估不同活动的吸引力，从而为未来活动的策划提供有力支持。

其次，社交媒体互动量的定量数据分析同样具有关键作用。通过监测点赞、评论、分享等社交媒体行为，推广者可以了解用户对于推广内容的反应。这些数字化数据不仅提供了推广效果的实时反馈，也为推广者调整和优化内容提供了依据。

最后，对线下展览观众数量的定量测量也是评估推广效果的重要手段。通过精准记录参观人数，推广者可以评估展览的受欢迎程度和影响力。这为未来展览活动的规模和主题提供了有利的参考。

在进行这些定量数据的测量和分析时，推广者需要综合运用各项数据，考虑其相互关联的因素。通过细致入微的数据分析，推广者可以全面了解推广活动的强项和短板，为制定更为精准和有效的推广策略提供支持。

2. 深层次挖掘用户需求的定性数据

在制定传统文化推广策略时，除了依赖定量数据，定性数据的深层次挖掘同样是至关重要的。通过对用户评论、反馈以及深入访谈参与活动的受众，推广者可以深入了解受众的文化需求和喜好，从而为个性化推广策略提供更为具体的用户画像，更精准地满足不同受众的需求。

首先，用户评论和反馈提供了一个直接的窗口，让推广者可以感知用户对推广活动的真实反应。通过仔细分析用户在社交媒体、活动平台上的留言和评论，推广者可以获取到更为直观的用户情感和期望。这种定性数据的细致分析能够揭示用户对于传统文化推广活动的态度、偏好以及可能的改进点。

其次，深入访谈参与活动的受众是获取定性数据的另一重要途径。通过开展个别或小组访谈，推广者可以与用户进行深入互动，了解他们对传统文化的认知、期望和疑虑。这种深度挖掘用户需求的方法，能够为推广者提供更为全面和深入的用户洞察，为个性化推广策略的制定提供具体依据。

定性数据的深层次挖掘不仅仅是收集用户的看法，更是理解用户背后文化需求的过程。通过分析用户的语言、情感表达以及对传统文化的深层次理解，推广者可以更准确地把握用户的文化偏好和价值观。这样的深入分析能够为推广者提供在传统文化推广中更为贴近用户心理的策略，更好地满足用户的文化需求。

（三）实时数据分析与策略调整

1. 即时洞察推广效果的社交媒体监测

在传统文化推广的实践中，社交媒体监测成为实时数据分析的重要手段之一。通过监测社交媒体平台上的用户反馈、互动和分享情况，推广者能够迅速洞察推广活动在数字领域的效果。社交媒体监测不仅有助于实时掌握受众的反应，还为推广者提供了即时的数据参考，以优化和调整后续的推广策略。

首先，关注推广活动的热度是社交媒体监测的重要指标之一。通过分析活动相关话题的讨论热度，推广者可以了解受众对于传统文化活动的关注程度。高热度通常意味着活动在社交媒体上引起了广泛讨论，反映了受众对推广内容的积极反应。低热度则可能需要推广者进一步优化内容或推广形式，以提高受众参与度。

其次，监测转发量和评论数量是社交媒体监测的关键指标之一。转发量反映了推广内容的传播效果，而评论数量则提供了用户对活动的直接反馈。通过分析评论的内容，推广者可以了解受众的态度、意见和建议，为后续活动的改进提供有益信息。这种及时的反馈机制有助于推广者更快速地响应受众需求，优化推广活动。

最后，社交媒体监测还可以关注活动相关的话题标签、关键词的使用情况。通过分析用户在社交媒体上的言论，推广者可以了解受众对于传统文化活动的认知和表达方式。这有助于推广者更好地把握受众的文化观点，为后续推广策略的制定提供更为深入的理解。

2.灵活应对变化的策略调整

实时数据分析不仅仅是用来了解推广效果，更是为灵活策略调整提供支持的关键工具。通过即时监测社交媒体平台上用户的评论和反馈，推广者能够及时发现用户关注的焦点和问题，从而迅速调整推广内容或活动形式。这种灵活性的策略调整是推广活动成功的关键，它使推广者能够更好地应对受众的变化和社会环境的演变，确保推广活动的时效性和有效性。

首先，实时数据分析使推广者能够捕捉到用户的即时反馈。通过监测社交媒体平台上的评论、点赞、转发等数据，推广者可以迅速了解用户对推广活动的态度和观点。如果出现负面反馈或误解，推广者可以立即采取措施进行纠正，以防止负面情绪的扩散和传播。这种及时性的反馈有助于推广者保持对用户情感和需求的敏感性，有针对性地进行策略调整。

其次，实时数据分析有助于推广者发现推广活动的亮点和热点。通过监测活动相关的关键词和话题标签在社交媒体上的传播情况，推广者可以迅速洞察到哪些内容或元素更受用户欢迎。在发现亮点的基础上，推广者可以灵活地调整推广策略，加强相关内容的传播，提高活动的知名度和影响力。

最后，实时数据分析为推广者提供了对受众行为变化的敏感性。通过监测用户参与活动的方式、时间和地点等信息，推广者可以洞察到受众的行为模式是否发生变化。这种洞察有助于推广者更好地理解受众的文化消费习惯，为后续推广策略的调整提供有力支持。

二、个性化推广的重要性

（一）文化需求的个性化差异

1.受众文化需求的多样性

受众文化需求的多样性是传统文化推广中需要充分考虑的一个重要因素。传统文化具有丰富多彩的特点，而不同年龄、地域和文化背景的受众对于传统文化的兴趣和理解也存在着差异。因此，个性化推广的重要性在于能够更细致地了解和满足这些多样化的文化需求，使推广活动更具有针对性和吸引力。

首先，个性化推广可以更好地瞄准不同年龄层的受众。年龄是影响文化兴趣的重要因素之一。年轻一代可能更倾向于数字化、时尚化的传统文化呈现方式，例如通过短视频、虚拟现实等创新技术来展示传统文化的魅力。而中老年群体可能更喜欢传统的文艺展览、书法绘画等传统形式。通过了解不同年龄层受众的喜好，个性化推广可以为他们提供更符合口味的文化内容，增强推广效果。

其次，地域的差异也是导致文化需求多样性的原因之一。不同地域拥有独特的文化传统和历史背景，因此对于传统文化的认知和喜好存在差异。个性化推广可以根据不同地域的文化特色，设计相应的推广方案，使推广内容更贴近当地受众的文化口味，增加推广的接受度。

最后，考虑到受众的文化背景也是非常重要的。不同族裔、宗教信仰的人群对于传统文化的理解和感受有所不同。通过个性化推广，可以更好地根据受众的文化背景调整推广内容，避免可能存在的文化误解或不适应。

2.差异化推广策略的制定

制定差异化推广策略是个性化推广的关键环节，通过深入了解受众的文化需求，推广者可以有针对性地调整推广方案，以满足不同群体的兴趣和期待。以下是在传统文化推广中制定差异化推广策略的一些建议：

首先，针对不同年龄层的受众，推广者可以采取不同的推广手段。对于年轻人群体，可以选择更具时尚感、创新性的传统文化呈现方式，例如通过数字媒体、社交平台等渠道，结合流行音乐和年轻艺术家的合作，打造具有时代感的传统文化形象。而对于中老年人群体，可以强调传统文化的纯正性和历史价值，通过传统展览、讲座等传统形式展示文化内涵，以引起他们的共鸣。

其次，针对不同地域的受众，差异化推广策略也显得尤为重要。不同地域拥有不同的文化传统和审美习惯，因此推广者可以根据地域特色，调整推广内容。例如，在某一地区进行传统文化展览时，可以注重突出该地区独有的传统文化元素，使受众更容易产生共鸣，增加推广的地方性吸引力。

另外，针对不同文化背景的受众，推广者需要制定相应的差异化推广策略。例如，在传统文化音乐的推广中，对于不同族裔或宗教信仰的人群，可以选择与他们熟悉并感兴趣的文化元素相结合，以提升推广活动的文化融合度，让受众更容易接受和理解。

最后，差异化推广策略还可以在推广内容的呈现方式上进行创新。通过运用多样化的艺术表达形式，如舞台剧、艺术展览、传统手工艺制作工坊等，以及结合新媒体技术的数字展览、虚拟现实体验等，使推广内容更具吸引力，迎合不同受众的审美和娱乐需求。

（二）用户画像与推广内容匹配

1.建立细致用户画像

建立细致的用户画像是个性化推广的关键环节，通过深入分析用户的多维信息，推广者能够更全面地了解受众的个体差异，从而为个性化推广提供更有力的支持。以下是建立细致用户画像的一些建议：

首先，关注用户的基本信息。推广者可以通过收集用户的地理位置、年龄、性别等基础数据，建立一个基本的用户档案。这有助于推广者了解推广活动的受众群体分布，为推广内容的地域性和年龄性定制提供依据。

其次，深入挖掘用户的兴趣爱好。通过分析用户在社交媒体上的关注、点赞、评论等行为，推广者可以洞察到用户的兴趣爱好和关注点。这些信息可以帮助推广者更好地了解受众的文化喜好，为推广内容的个性化定制提供方向。

再次，关注用户的行为习惯和消费特点也是建立用户画像的重要内容。推广者可以通过分析用户在数字平台上的活跃时间、浏览行为、购物习惯等方面的数据，描绘用户的行为轨迹，从而更好地把握受众的消费心理和行为模式。

第四，用户的文化素养和认知水平也是建立用户画像时需要考虑的因素。通过用户参与文化活动的深度，推广者可以更准确地了解用户对传统文化的认知水平和参与度，为推广内容的深度和广度提供合理的定位。

最后，建立用户画像需要持续更新和优化。随着时间推移，用户的兴趣、行为和认知可能会发生变化，因此推广者需要定期更新用户画像，确保其始终与受众保持一致。这也有助于推广者更灵活地调整推广策略，使之更符合受众的实际需求。

2.精准选择推广内容

建立了细致的用户画像后，推广者能够更有针对性地选择推广内容，以更好地满足用户的文化兴趣，提高推广的有效性。这种精准选择推广内容的策略涉及多个方面，包括文化形式、主题内容、呈现方式等，以确保推广活动与用户期望更为契合。

首先，对于文艺爱好者的用户群体，推广者可以选择推广传统文学经典的书籍或相关文化活动。这可能包括文学作品的解读、经典剧目的演出，以及与文学大师相关的展览等。通过深入挖掘传统文学的内涵，推广者可以以更专业深刻的方式满足文艺爱好者对深度文化体验的需求。

其次，对于喜好娱乐的用户群体，推广者可以采用轻松幽默的方式呈现传统文化元素。这可能包括制作有趣的文化短视频、推出轻松幽默的文化解说节目，或者在社交媒体平台上推送有趣的文化趣闻。通过以娱乐性为主的形式，推广者可以更好地吸引年轻群体，让传统文化在轻松愉快的氛围中传递。除了文化形式的选择，主题内容也是精准推广的关键。推广者需要根据用户画像的分析结果，选择与用户兴趣相关、具有吸引力的主题。例如，对于年轻一代可能关注的是与当代生活结合的传统文化创新，而对于中老年群体可能更关注传统文化的传承与经典。

最后，呈现方式也是精准选择推广内容的重要因素。推广者可以根据用户使用的平台和渠道，选择更适合的呈现方式。对于年轻用户，可以在流行社交媒体平台上采用富有创意的短视频、图文并茂的传播方式；而对于中老年用户，可以选择更传统的媒介，如电视、报纸等。

（三）互动性推广与用户参与

1.用户参与的重要性

用户参与在个性化推广中扮演着至关重要的角色，不仅丰富了文化传播的形式，更提升了用户对传统文化的深度体验。这一环节的关键性表现在以下几个方面：

首先，通过增加互动性，推广者能够更好地拉近与用户的距离。互动性的推广形式，如在线互动直播、线下文化活动互动环节等，使用户不再是单纯的接收者，而是参与到文化传播的过程中。这种亲身参与感强化了用户与传统文化之间的联系，使其更容易产生情感共鸣，从而提高对传统文化的认同感。

其次，用户参与能够激发用户的参与热情。通过设立文化互动话题、推出文化活动参与奖励等方式，推广者能够调动用户的积极性，使其更愿意参与到传统文化的推广中。这种参与热情的激发不仅使用户更主动地了解和传播传统文化，也在一定程度上形成了用户间的口碑传播效应，扩大了传播的范围和深度。

在个性化推广中，用户参与不仅是单向传递信息的过程，更是实现了用户与传统文化之间的双向互动。例如，推广者可以通过设置在线投票、用户评论等形式，了解用户对于不同推广内容的偏好，为后续推广策略的调整提供有益信息。这种双向互动的模式不仅增加了用户的参与感，也为推广者提供了更多关于用户需求的数据支持。

最后，用户参与提高了用户的文化认同感和参与度。通过参与文化活动、互动讨论，用户能够更深度地感受传统文化的魅力，形成对传统文化的更为深刻的认同。这种认同感的建立有助于用户更主动地融入传统文化的传承和发展中，形成更为积极的文化态度。

2.调查问卷与用户期望

调查问卷（附录一）是推广者主动了解受众期望和需求的有效手段之一。通过详细了解受众的期望，推广者可以更精准地设计互动性推广方案，满足用户的文化需求。以下是关于调查问卷与用户期望的分析：

首先，调查问卷作为数据收集工具，能够帮助推广者系统地了解用户对传统文化推广的期望。通过设计问题涉及受众对传统文化的兴趣、喜好，以及对推广活动的期待等方面，推广者可以收集到丰富的信息。这些信息为制定更具针对性的推广策略提供了重要线索。

其次，调查问卷是一种直接与用户互动的方式，通过线上线下问答、投票等形式，推广者能够与用户建立更加直接的联系。这种直接的互动能够拉近推广者与受众之间的距离，使得用户更有参与感，从而更愿意分享自己的真实期望和建议。

最后，通过问卷的设计，可以深入了解用户的文化需求。例如，可以询问他们对于不同形式的传统文化活动的偏好，或是了解他们对于互动性推广活动的兴趣。这种深度挖掘用户需求的方式，有助于推广者更全面地理解受众的文化消费心理，为后续的推广方案设计提供更有针对性的依据。

通过调查问卷收集到的数据不仅可以用于推广方案的初步设计，还可以作为后续推广活动的评估标准。通过分析问卷结果，推广者可以及时了解用户的反馈和期望变化，从而灵活地调整推广策略，保持与用户需求的紧密契合。

第五章

数字技术在中华优秀传统文化推广中的应用

第一节　虚拟现实（VR）与中华优秀传统文化体验

一、虚拟场景还原

（一）传统文化的虚拟还原技术

1. 虚拟场景技术概述

虚拟场景技术是虚拟现实技术中的重要组成部分，其发展为传统文化的还原提供了创新的手段。通过虚拟现实技术的不断进步，我们得以在虚拟场景中还原中华传统文化，创造出令人惊叹的沉浸式体验。这一技术的革命性影响主要体现在其高度真实的三维模型、逼真的光影效果以及立体声音技术的综合运用上。

首先，在虚拟场景技术中，三维模型的建立是关键一环。通过对古代建筑、场景的详细扫描和建模，技术可以还原出高度真实的古代场景。这不仅包括建筑的外观，更包括内部的布局、装饰等方面，使观众在虚拟场景中感受到传统文化的细腻之处。透过虚拟场景，观众仿佛穿越时空，亲临古代宫廷仪式等场景，体验到了传统文化的魅力。

其次，逼真的光影效果也是虚拟场景技术的亮点之一。通过先进的渲染技术，虚拟现实系统能够模拟出真实世界中光影的变化，使得虚拟场景更具真实感。在传统文化还原中，这一特性尤为重要，因为它能够准确再现古代建筑在不同光照条件下的细微变化，为观众呈现出更加逼真的历史场景。

最后，虚拟场景技术中的立体声音技术也为传统文化还原提供了全新的体验。通过高保真度的音频效果，观众可以在虚拟场景中听到传统文化活动中的音乐、演讲等声音，使得体验更加真实和身临其境。音效的逼真度不仅提升了场景还原的感知，同时也加深了观众对传统文化的沉浸式理解。

2.虚拟现实与传统文化的融合

虚拟现实技术在与传统文化的融合中展现了独特的创新与发展。通过多传感器融合和实时渲染等高级手段，虚拟现实技术将传统文化元素与虚拟场景巧妙地结合，为观众提供了一种前所未有的全新学习和体验方式。这一融合不仅使得传统文化更为生动和具体，同时也为其注入了现代科技的元素，使得传统文化在数字时代得以焕发新的魅力。

在虚拟现实技术的应用中，多传感器融合是其中的重要环节之一。通过整合不同传感器的数据，系统能够更准确地捕捉用户的动作、表情等信息，实现对用户的精准感知。这种技术的运用使得虚拟场景能够更好地与用户互动，为传统文化元素的融入提供了更为广泛和深入的可能性。观众通过自身的动作和表情参与到虚拟场景中，增加了他们与传统文化之间的实质性互动。

同时，实时渲染技术的采用也是实现虚拟现实与传统文化融合的关键因素之一。这一技术通过在虚拟场景中实时生成图像，使得场景的呈现更加真实且自然。在传统文化的还原中，实时渲染不仅可以呈现出古代建筑的独特风貌，更能够捕捉到光线、阴影等细微的变化，使得观众能够在虚拟环境中感受到传统文化场景的丰富细节。

这种融合为观众提供了一种全新的学习和体验方式。传统文化在虚拟现实中变得更为直观，观众可以通过身临其境的体验更深入地了解传统文化的内涵。通过与虚拟场景中的文化元素互动，观众能够更好地理解古代礼仪、建筑风格等方面的知识。这一全新的学习方式使得传统文化更具吸引力和趣味性，打破了传统学习方式的单调，激发了观众对传统文化的浓厚兴趣。

（二）沉浸式体验的影响

1.互动性的提升

沉浸式体验的应用在虚拟现实技术中引领了传统文化体验的全新时代。观众不再被动地观看，而是能够在虚拟场景中积极参与其中，这使得传统文化的学习和体验过程更为深刻而有趣。这种沉浸式体验的提升主要得益于虚拟现实技术中的互动性元素。

首先，在沉浸式体验中，虚拟现实技术实现了观众与虚拟场景的直接互动。观众可以与虚拟人物进行实时互动，与虚拟环境中的场景、物体进行交互，使得整个体验更加动态和个性化。这种互动性的提升不仅仅是简单的视觉和听觉感知，更是触及观众的参与感和情感共鸣。

其次，虚拟人物的互动是沉浸式体验的关键之一。通过先进的人工智能技术，虚拟人物能够模拟真实的行为、语言交流和情感反应。观众可以与虚拟人物进行对话、互动，甚至参与虚拟文化活动，如古代宫廷仪式。这种实时的、深度的互动体验使得观众更为深刻地感受到传统文化的仪式感和丰富内涵。

最后，虚拟场景中的互动性设计还包括对观众行为的感知和反馈。传感器技术的应用使系统能够捕捉观众的动作、表情和声音，实时调整虚拟场景中的元素。这种个性化的互动体验让每位观众都能够在虚拟场景中找到独特的参与方式，增强了学习过程中的主观参与感。

这一互动性的提升不仅仅让观众在虚拟场景中获得更为深刻的体验，同时也为传统文化的传承和推广提供了更为有效的手段。观众通过亲身参与传统文化活动，更容易产生对文化的认同感和情感共鸣，从而更加积极地参与文化的传承和发展。这一互动性的设计不仅提高了学习过程的趣味性，也为传统文化在数字时代的传播打开了新的可能性。

2.受众的参与感

通过虚拟场景的还原，观众能够沉浸于身临其境的感觉之中，这种身临其境的体验极大地增强了观众的参与感。在虚拟现实技术的引导下，观众仿佛穿越时空，置身于传统文化的精彩场景中。这一沉浸式的体验不仅仅局限于视觉和听觉的感知，更是触及了观众的情感和思考。

这种强化的参与感在很大程度上激发了观众对中华传统文化的浓厚兴趣。传统文化往往包含着深厚的历史底蕴和独特的文化内涵，而通过虚拟场景的还原，观众得以在亲身体验中深入感受这些元素。身临其境的感觉使得观众更为贴近传统文化，产生了更为真实和直观的认知。这样的参与感能够激发观众主动深入了解、学习传统文化的愿望，使其更加主动地投入到文化传承的过程中。

虚拟场景的还原还为观众提供了多维度的参与体验。观众可以在虚拟环境中自由行走、与虚拟元素互动，而不再局限于传统学习环境的限制。这种自由度的提升不仅增加了观众对场景的探索欲望，更是为其提供了个性化的学习路径。观众可以根据自身兴趣和偏好选择不同的互动元素，使学习体验更具个性化和深度。

通过虚拟场景还原，观众获得的身临其境感受极大地增强了参与感。这种参与感不仅使观众更为投入，更为传统文化的传承提供了更为有效的途径。虚拟现实技术的应用让观众能够在互动性和沉浸性的体验中更好地理解和体验中华传统文化，从而激发对传统文化的浓厚兴趣，促使其更积极地参与和支持文化的传承工作。

二、文化体验的虚拟漫游

（一）虚拟漫游技术的运用

1.三维建模技术

三维建模技术在虚拟现实技术的应用中扮演着至关重要的角色，为用户提供了身临其境的虚拟漫游体验，特别是在还原古代建筑风格和传统园林景观方面。通过先进的三维建模技术，虚拟现实技术成功地将用户引入了一个具有传统文化丰富内涵的虚拟空间。

三维建模技术的核心在于通过数学模型在虚拟环境中创建可视化的三维对象。在传统文化还原的场景中，这意味着可以精确而逼真地还原古代建筑的细节，包括建筑物的结构、雕刻和装饰等方面。通过精细的建模过程，虚拟现实系统能够呈现出高度真实的古代建筑风格，使用户仿佛置身于历史之中。

对于传统文化的建筑和景观而言，三维建模技术的运用尤为重要。在虚拟环境中，用户可以漫游于古老的庭院、宫殿和寺庙，全方位感受传统园林景观的美妙之处。这种技术的应用使得用户能够近距离欣赏古代建筑的独特之处，感受到传统文化的深刻内涵。

值得注意的是，先进的三维建模技术还能够在虚拟现实中还原传统建筑的空间结构，使用户能够更全面地理解古代建筑的布局和设计。通过虚拟漫游，用户可以自由地探索建筑的各个角落，近距离观察每一个雕刻和装饰元素，使得传统文化的细节之美得以完整展现。

这种技术的运用不仅仅停留在建筑的外观还原上，同时也涵盖了环境的模拟。通过三维建模技术，虚拟现实系统能够还原出传统园林中的植被、水池、亭台楼阁等元素，使用户感受到传统文化中自然与建筑相互融合的美妙景象。这样的漫游体验不仅仅提供了对传统文化的视觉感知，更让用户能够在虚拟环境中体验到文化的多重层面。

2.虚拟导游系统

虚拟导游系统是一项基于智能化算法和语音合成技术的创新性应用，为用户提供了在虚拟漫游中深入了解历史文化的机会。通过这一系统，用户不仅能够沿途欣赏景观，还能够获得沉浸式的文化历史解说，从而增强了文化体验的深度与丰富度。

虚拟导游系统的核心在于其智能化算法。通过先进的计算机算法，系统能够对虚拟漫游中的景观、建筑等元素进行识别和分析。这种技术使得系统能够在用户漫游的同时，实时地提供相应景点的文化历史信息。智能算法的运用不仅丰富了用户的漫游体验，更使得用户在欣赏美景的同时能够获得更为深入的文化认知。

语音合成技术是虚拟导游系统中另一个关键的组成部分。通过语音合成技术，系统能够将文化历史解说以自然、流畅的语音形式呈现给用户。这样的交互方式使得用户不需要专注于文字解读，而可以专心欣赏景观。语音合成技术的运用进一步提升了用户的沉浸感，使得文化历史信息更为生动、直观地传达给用户。

在虚拟导游系统中，用户通过沿途漫游不仅仅是简单地观赏风景，更是通过系统提供的语音解说，深入了解景点背后的文化历史。这种深度的文化体验是传统导游方式所无法提供的，因为虚拟导游系统能够根据用户的兴趣和需求提供个性化的历史文化解说。这一个性化的服务使得用户在虚拟漫游中能够更全面地了解所游览地区的文化底蕴。

虚拟导游系统的应用为文化体验的深化和个性化提供了创新的手段。通过智能算法和语音合成技术的有机结合，这一系统使得用户能够在虚拟漫游中得到更为丰富的文化历史信息，而不仅仅是视觉上的享受。这种沉浸式的文化体验不仅丰富了用户的旅游经历，更为文化的传承和推广提供了新的、数字化的途径。

（二）互动性与深度体验

1. 直观感受传统文化

虚拟漫游为用户提供了一种独特而直观的方式，使其能够深刻感受传统文化的独特之处。这种感受并非仅仅通过文字或图片呈现，更是通过用户亲身参与和体验所实现的。这一直观感受的形式不仅丰富了用户对传统文化的认知，也激发了其对传统文化的好奇心和兴趣。

在虚拟漫游中，用户通过沉浸式的体验能够近距离感受传统文化的丰富内涵。与传统的文字解说或静态图片相比，虚拟漫游使用户能够更为全面地了解古代建筑、传统园林、文化场景等元素。通过虚拟现实技术，用户仿佛置身于古代宫廷、庭院或传统戏曲表演现场，不仅能够视觉上感知场景的细节，更能够身临其境地感受传统文化的氛围和魅力。

这种直观感受通过亲身体验的形式展现，用户在虚拟漫游中能够自由行走、观察，甚至与虚拟环境中的元素进行互动。这一参与性的体验方式使得用户更为深度地融入传统文化场景中，通过自身的动作和互动感知文化的独特之美。这样的直观感受不仅仅是对传统文化的被动认知，更是一种主动而全面的体验。

最后，虚拟漫游的直观感受也在视觉、听觉等多方面提供了更为真实的感知。通过高质量的三维建模技术、逼真的光影效果和立体声音技术，用户能够在虚拟环境中感知传统文化场景的真实度。这一综合的感知体验不仅使用户能够近乎真实地感受传统文化，同时也刺激了其对文化的感性认知。

2. 文化内涵的深入传达

通过虚拟漫游，用户得以深入地理解传统文化的内涵，这一数字化体验为文化学习提供了更为立体的途径。虚拟空间中涵盖的各种文化元素，包括建筑、风景、习俗等，为用户提供了全方位的文化学习体验，拓展了传统文化的认知层面。

在虚拟漫游中，用户不仅仅是简单地通过观看或听取解说来获取文化信息，更是通过亲身参与、互动以及自由探索来深刻感知文化内涵。通过先进的三维建模技术，虚拟现实系统成功还原了传统文化中的建筑风格、园林景观等细节，使用户能够近距离观察这些文化元素的精妙之处。这一逼真的还原不仅提供了视觉上的体验，更让用户能够通过身临其境的方式深刻感受传统文化的独特魅力。

虚拟漫游的另一个优势在于其对文化元素的立体呈现。用户在虚拟环境中可以自由行走，观察建筑的各个角度，感受园林景观的全貌。这种立体感的体验不仅让用户更为全面地理解文化元素的形态和结构，同时也使得用户能够更深入地理解这些元素的文化内涵。例如，在传统建筑中，用户可以近距离观察雕刻、结构，通过虚拟漫游更为深刻地领略古代建筑的工艺和艺术价值。

最后，虚拟漫游也为用户提供了丰富的文化学习资源。通过语音合成技术，系统能够提供实时的文化历史解说，使用户能够在漫游过程中了解景点的历史背景、文化传承等信息。这种方式不仅使文化学习更加生动有趣，同时也为用户提供了一个全面学习的平台，使他们能够更好地理解传统文化的广度和深度。

总的来说，虚拟漫游为用户提供了深入传达传统文化内涵的先进途径。通过虚拟环境中的立体呈现和丰富的文化学习资源，用户能够在亲身体验的过程中全面、深度地了解传统文化的独特之处。

三、虚拟互动活动

（一）互动活动的设计与创新

1.虚拟现实游戏形式

通过虚拟现实游戏形式，我们得以设计一系列有趣而富有互动性的传统文化相关活动，从而在娱乐中实现对传统文化的寓教于乐。这一形式的创新为学习过程注入了生动趣味，使传统文化更为引人入胜。

在虚拟现实游戏中，我们可以设计传统手工艺比赛，通过虚拟环境中的操作，让用户亲身体验传统手工艺的技艺。例如，参与者可以在虚拟环境中学习和模拟传统的刺绣、陶艺等手工技能，通过虚拟现实设备还原真实的手工艺过程，使用户感受到传统工艺的独特之美。这种互动形式既提供了学习的机会，又使用户在娱乐中获得了实际操作的愉悦感，从而更为深刻地了解传统手工艺的魅力。另一方面，虚拟现实游戏还可以模拟传统礼仪活动，为用户提供参与感强烈的文化体验。在虚拟环境中，参与者可以模拟传统婚礼、宴会等场景，学习和体验传统礼仪的流程和规范。通过虚拟现实技术，用户可以亲自参与到虚拟场景中，与虚拟人物互动，感受传统礼仪的氛围。这样的活动不仅使用户了解传统礼仪的重要性，更为他们提供了实践和体验的机会，使学习过程更加生动有趣。

虚拟现实游戏形式的设计注重互动性和娱乐性，通过模拟传统文化场景，使用户在娱乐中获得对传统文化的深度认知。这一形式的寓教于乐能够激发用户对传统文化的浓厚兴趣，促使他们更积极地投入到学习和体验之中。同时，虚拟现实游戏还可以根据用户的兴趣和水平进行个性化的设计，提供不同层次的互动活动，使学习更贴近参与者的需求和期望。

2.智能化互动体验

借助智能化技术，虚拟互动活动得以注入更多元素，为用户提供更贴近真实的体验。通过整合智能感知设备，这一互动形式不仅在学习过程中增添了趣味性，更在实用性上取得了显著的提升。

在虚拟互动活动中，智能感知设备的应用可以使用户的互动更为真实和沉浸。通过这些设备，系统能够感知用户的动作、表情、声音等多方面的信息，从而实现更精准的互动反馈。例如，在模拟传统手工艺比赛中，智能感知设备可以捕捉用户实际的手部动作，使虚拟体验更贴近真实手工制作的过程。这种实时感知和反馈的技术不仅增加了互动的真实感，同时也提高了用户的参与度和学习效果。

智能感知设备的应用还可以为虚拟互动活动引入更多元的元素，使学习过程更为生动。以模拟传统礼仪活动为例，通过感知用户的动作和语音，系统可以根据用户的表现提供实时的评价和建议。这样的互动形式不仅提供了学习的机会，还为用户创造了一个能够实践和体验的虚拟场景。这样的实用性设计既增强了用户的学习动力，也使学到的知识更易于应用于实际生活中。

智能化技术的另一个优势在于其个性化定制的能力。通过分析用户的互动行为和学习习惯，系统可以根据个体差异进行个性化的互动设计。这种个性化的设计不仅使虚拟互动活动更贴近用户的需求和兴趣，也提高了用户的学习效果。例如，在虚拟现实游戏中，系统可以根据用户的兴趣爱好调整难度，提供更符合用户水平的学习内容，从而提高学习的效率。

（二）互动活动的教育与传播效果

1.传统文化的趣味学习

虚拟互动活动通过其趣味性的设计，为用户提供了一种充满乐趣的传统文化学习体验。这种趣味学习的方式在很大程度上打破了传统教育的束缚，激发了学习者的兴趣和积极性，为传统文化的传承和推广注入了新的活力。

首先，虚拟互动活动的趣味性设计吸引了用户的关注。通过采用生动有趣的场景、互动元素和富有创意的游戏性设计，用户在参与中能够感受到一种愉悦的学习氛围。例如，在虚拟现实游戏中，模拟传统手工艺比赛，通过有趣的任务和挑战，用户在娱乐中不知不觉地学到了传统手工艺的技能和知识。这种趣味性的设计使学习过程更为轻松愉悦，吸引了更多人投入到传统文化的学习之中。

其次，趣味学习的方式培养了学习者的主动性。传统文化常常被认为枯燥乏味，而虚拟互动活动通过创造出有趣的学习场景，使用户在学习中能够保持更高的兴趣水平。通过在虚拟环境中进行互动体验，用户更加积极主动地参与到学习过程中，从而更深刻地领会传统文化的内涵。这种主动性的培养有助于用户更深层次地理解和吸收传统文化的知识，提升学习效果。

最后，趣味学习通过与娱乐的结合，降低了学习的难度和压力。传统文化通常涉及较多的历史、文学、艺术等知识，而这些内容在传统学习中可能显得沉闷和枯燥。而虚拟互动活动通过生动有趣的形式，使用户在娱乐中轻松地接触和学习这些知识，有效地降低了学习的门槛。这种趣味性的设计使得学习者更加乐意投入到传统文化的学习中，从而提高了学习的参与度和积极性。

2.传统文化的传播效果

虚拟互动活动在传统文化的传播中展现出更为显著的效果,其通过社交媒体等多渠道分享互动体验,有效地扩大了传统文化的影响力。观众通过参与互动活动更容易产生共鸣,进而深入了解和关注传统文化,使得文化的传播更加生动有趣且更为广泛。

首先,虚拟互动活动的社交分享性质为传统文化传播提供了独特的机遇。参与者可以通过社交媒体平台分享他们在虚拟互动活动中的体验,包括自己的操作、感受以及对传统文化的认知。这种互动活动的社交分享不仅将传统文化呈现在更广泛的受众面前,同时也在社交网络中形成了传播的连锁反应。通过这样的分享,传统文化得以在数字时代迅速传播,吸引了更多人的关注和参与。

其次,互动活动激发了观众的参与和互动性,从而增强了传播的深度。观众通过参与虚拟互动活动,不再是被动的观众,而是可以与虚拟环境互动,感受传统文化的魅力。这种亲身参与使观众更容易与传统文化建立情感连接,从而更愿意通过社交媒体分享他们的互动体验。这种深度的参与和分享使得传统文化的传播不再仅仅是知识的传递,更是一种情感的传播,更具有感染力和吸引力。

最后,互动活动的设计往往具有创新性和趣味性,使得传统文化以更为生动的方式呈现。通过社交媒体分享的互动体验往往更易引起观众的好奇心和关注度。例如,虚拟现实游戏形式中的互动活动,通过有趣的任务和挑战,使传统文化的学习变得生动有趣。这样的设计不仅使传统文化在互联网时代更易于被传播,也为观众提供了一个轻松娱乐的学习途径。

第二节　人工智能在中华优秀传统文化研究与推广中的应用

一、智能化的文化研究

(一)文本挖掘与深度学习

1.文本挖掘技术的应用

在中华传统文化研究中,人工智能的文本挖掘技术展现出卓越的应用价值。这一技术能够以高效的方式处理大量古代文献,通过自动化手段快速提取关键词和短语，从而实现对文本内容的迅速概括。这种技术的引入对研究者具有显著的助益，为他们更加迅捷地获取相关信息提供了可能，从而加速了对传统文化的整体认识。

文本挖掘技术的优越性在于其处理大规模文献的能力。传统文献数量庞大，包括诗歌、经典、哲学著作等，而传统的研究方法难以迅速而全面地理解这些文献的内涵。通过文本挖掘，研究者能够更全面地了解古代文献中的重要概念、思想体系以及历史事件，为深入研究传统文化提供了基础。

此外，文本挖掘技术还具备智能化的特征，它能够通过对文本的语义分析和情感识别，挖掘出文献背后更为深刻的内涵。这种深度学习的方法有助于理解传统文献中蕴含的哲学思想、道德观念以及艺术表达，为研究者提供更为全面和深入的参考和解读。

文本挖掘技术在中华传统文化研究中的应用，不仅加速了信息的获取，还为研究者提供了更多维度的数据分析和解释工具。通过这一技术手段，研究者能够更好地理解传统文献的文化内涵，为深入挖掘中华传统文化的丰富内涵和精髓提供了强有力的支持。

2.深度学习与文化内涵解析

结合深度学习，人工智能为中华传统文化经典著作的深层内涵解析提供了独特的机遇。深度学习技术的应用使得系统能够更为深入地挖掘古籍中蕴含的哲学思想、道德观念以及艺术表达，从而为研究者提供更为全面的参考和解读。

通过对古典文献的语义分析，深度学习系统能够理解其中所包含的抽象概念和思想内涵。传统文化蕴含着丰富的哲学思想，而深度学习的强大处理能力使得系统能够更准确地捕捉这些思想的核心要义，帮助研究者更好地理解和解读文本中的哲学内涵。

情感识别是深度学习在文化解析中的另一个关键方面。通过深入分析文本中的情感色彩，系统能够揭示文献中表达的情感、态度以及作者的情感倾向。这对于解读中华传统文学作品中的情感体验、情感表达等方面具有重要的启示作用，有助于深入挖掘作品所传递的情感内涵。

最后，深度学习技术的应用还能够从艺术角度进行解析，对传统文学作品中的艺术表达进行更为精细和全面的解读。这包括文学作品中的修辞手法、意象表达等方面，通过深度学习的模型，系统能够帮助研究者更好地理解这些艺术手法在文学创作中的应用。

3.多模态数据融合

智能系统在中华传统文化研究中的应用不仅局限于文本挖掘技术，还包括多模态数据的融合，如图像、音频等，以实现对传统文化多维度的深入解析。这一多模态数据融合的方法为研究者提供了更全面、更丰富的信息，使他们能够更深入地理解中华传统文化的多重表达。

举例而言，在分析古代绘画作品时，智能系统能够结合文字描述和图像识别等技术，为研究者提供更准确的艺术评论和历史背景。通过对绘画作品的文字描述的情感分析，系统可以捕捉到评论者对于艺术作品的主观感受，从而更好地理解文化作品的情感内涵。同时，通过图像识别技术，系统可以自动识别作品中的图像元素、风格特征等，帮助研究者深度理解绘画作品所传达的文化信息。

在音频方面，智能系统也能通过音频识别技术对传统文化音乐、戏曲表演等进行分析。通过深入挖掘音频数据中的旋律、节奏、音调等信息，系统有助于揭示中华传统音乐的独特韵味和文化内涵。这为研究者提供了全新的角度，使其能够更细致地解读和理解传统音乐作品。

多模态数据融合不仅拓展了研究者对中华传统文化的认知，也提高了文化研究的深度和广度。这一综合性的分析方法有望为传统文化的保护、传承和发展提供更为系统和全面的支持，推动中华传统文化走向更广泛的国际舞台。

（二）图像识别与文物保护

1.文物鉴定与分类

图像识别技术在文物鉴定与分类领域的应用，为文物专家提供了一种高效而准确的辅助工具。人工智能通过对文物图像的深度分析，实现了对文物年代、风格等特征的自动识别，为文物的鉴定和分类提供了宝贵的参考信息，从而加速了文物保护和研究的进程。

文物鉴定一直是一个复杂而烦琐的任务，需要专业的知识和经验。传统的文物鉴定方式通常依赖于专家的目测和比对，这在面对大量文物或者特殊情况时存在一定的困难。然而，通过引入图像识别技术，人工智能系统可以在短时间内对大量文物图像进行处理，实现对文物的迅速鉴定。这为文物保护部门提供了一种高效的手段，尤其在面对灾难性事件或大规模文物调查时，图像识别技术的快速处理能力显得尤为重要。

通过图像识别技术实现的文本分类也具有重要的实际意义。文物分类是文物管理和研究的基础，而大量的文物使得传统的分类方式显得较为烦琐。人工智能通过对文物图像的学习和识别，能够将文物按照年代、风格等特征进行分类，形成更为系统和精准的文物档案。这不仅方便了文物管理者对文物的查找和管理，还有助于研究者更加迅速地找到自己感兴趣的文物群体，从而推动相关研究的深入展开。

2. 文物数字化与重建

文物数字化与重建是智能系统在文化遗产保护领域的创新应用之一。通过引入图像识别技术，智能系统能够实现对文物的数字化保护，为文物的远程展览和虚拟还原提供了新的可能性，从而为中华传统文化的传承注入了新的活力。

在传统文物保护中，文物的数字化保护是一项重要而具有挑战性的工作。传统的文物保护方式主要依赖于文物的实体存在，这使得文物的保护和传播受到了空间和时间的限制。而引入图像识别技术后，通过对文物进行三维扫描和建模，智能系统可以生成文物的数字化版本。这种数字化的文物不仅保存了文物的外部形态，还能够记录其内部结构和细节，为文物的保护提供了更为全面和准确的手段。

数字化的文物不仅可以在实体展览馆中进行展示，更重要的是可以通过互联网等平台进行远程展览。这种远程展览使得更多的人能够欣赏到珍贵的文物，同时也为文物的虚拟还原提供了可能。通过虚拟现实等技术，观众可以在不同的角度、尺度下自由浏览文物，甚至参与到与文物相关的虚拟活动中，提升了观众的互动体验。

最后，文物的数字化还有助于文物的修复和重建。当文物因岁月和自然力量而受损时，通过数字化的文物模型，专家可以更准确地了解损伤的程度和位置，从而有针对性地进行修复。数字化的文物模型也可以用于文物的虚拟重建，对于已经失传的文物，通过数字技术的手段重新呈现其原貌，为中华传统文化的传承提供了珍贵的参考。

3. 文物安全监控

文物安全监控是智能系统在文化遗产保护领域的一项关键应用。结合图像识别和监控技术，人工智能能够实现对文物安全的实时监控，提高文物保护的效率和准确性，从而更好地应对潜在的风险和威胁。

在传统的文物保护中，人工巡逻和监控是主要手段之一，但其效率和覆盖范围受到了一定限制。引入图像识别技术后，智能系统可以通过在文物保护区域部署监控摄像头，实时分析监控画面中的图像。系统通过预训练的模型，能够识别文物及其周边环境，实现对文物区域的精确监测。

一方面，智能系统能够识别异常情况，如有人为破坏或盗窃文物时，能够及时发出警报。通过对图像中的人物和行为进行分析，系统能够判断是否存在异常情况，并通过联动设备，如警报器或监控中心，及时通知相关人员进行处置。这种实时的响应机制有效地提高了对文物安全的保护水平。

另一方面，智能系统还能够通过对文物周边环境的监测，识别潜在的自然灾害或人为破坏的风险。例如，通过监测文物周围的气象条件，系统能够预测是否有可能发生火灾、水患等灾害，并提前采取相应的防范措施。这种综合性的监控和预警系统使得文物安全监控更加全面和智能。

二、智能推广与服务

在中华传统文化的推广和服务中，人工智能发挥着关键的作用。通过个性化推送、虚拟导览与体验式学习以及智能客服与在线交流等手段，人工智能为用户提供了更为定制化、丰富的文化体验，促进了中华传统文化的深入传播。

（一）个性化推送与内容定制

1. 智能分析用户兴趣

人工智能的个性化推送技术通过深度分析用户的兴趣爱好、历史浏览记录等多方面信息，构建用户画像，从而实现对个体用户的智能化推送。这一技术的核心在于通过机器学习算法，系统能够不断地学习和优化推送策略，以确保用户获得的传统文化内容具有个性化和针对性。通过对用户数据的智能分析，系统可以精准地了解用户的偏好和需求，为每位用户提供更加个性化的学习体验。

个性化推送不仅仅是基于用户的静态信息，更包括了用户在学习过程中的实时反馈和互动行为。系统可以分析用户的学习进度、点击偏好、参与活动等数据，动态调整推送策略，使得推送的文化内容更符合用户当前的兴趣和学习需求。这种智能化的反馈机制为用户提供了更为精准和实时的文化学习建议，有效地增强了用户的参与度和学习体验。

个性化推送技术的不断优化和升级，意味着系统能够逐步适应用户可能变化的兴趣和学习习惯。通过不断收集和分析用户数据，系统可以识别潜在的兴趣点和学习偏好的变化，为用户提供更为贴近个体需求的传统文化内容。这种智能分析用户兴趣的技术手段，不仅仅是提高用户参与度的工具，更是实现文化传播个性化、精准化的重要途径。

2.定制化学习路径

除了兴趣分析，人工智能在中华传统文化学习中还发挥着关键的作用，通过为用户定制化学习路径，进一步提升了学习的个性化和灵活性。

在传统文化学习的过程中，每位用户的学习历程和能力水平都有所不同。为了更好地满足用户的个性需求，人工智能技术可以根据用户的学习历程，智能地定制个性化的学习路径。这种定制化学习路径的设计考虑了用户在学习中的强项和薄弱点，以及个体差异，使用户能够更加灵活地选择学习方向，根据自身需求调整学习进度。

通过智能化的学习推进系统，用户可以按照自己的学习进度和兴趣，选择适合自己水平和需求的学习内容。这种灵活性不仅让用户感到更为舒适和自在，同时也提高了学习的效果。用户能够根据自身兴趣点和学习能力，有选择地深入研究感兴趣的传统文化方面，使学习更富有深度和针对性。

这种定制化的学习路径有助于提高用户对中华传统文化的学习兴趣。用户在学习过程中感到更多的自主性和满足感，因为他们可以根据自己的兴趣和学习进度来规划学习路线。这不仅有助于推动用户更深度地参与中华传统文化的传承，也为传统文化的数字化推广提供了更为贴近个体需求的解决方案。

（二）虚拟导览与体验式学习

1.增强现实（AR）和虚拟现实（VR）技术的融合

结合增强现实（AR）和虚拟现实（VR）技术，人工智能为用户提供了引人入胜的虚拟导览服务，将中华传统文化的丰富内涵以全新的方式呈现给用户。这一融合的技术手段通过智能化的场景设计和交互体验，使用户能够在虚拟空间中亲身体验中华传统文化的方方面面，从而更深刻地理解和感受其独特之处。

在这个虚拟导览的体验中，用户仿佛置身于历史场景之中，可以实时观摩古代建筑的细节，参与传统仪式的过程。通过 AR 技术，虚拟元素可以与真实环境交互，将虚拟与现实相融合，使用户感觉到与传统文化场景的亲密连接。同时，VR 技术则提供了完全虚拟的场景，使用户可以穿越时空，置身于不同历史时期，进一步拓展了文化学习的体验维度。

这种体验式学习的方法注重多感官的参与，通过视觉、听觉等感官的全面沉浸，提升了用户对传统文化内涵的理解。用户不再是被动地接受信息，而是通过身临其境的方式，更深度地融入传统文化的学习过程中。例如，在虚拟空间中，用户可以近距离欣赏传统绘画的细腻之处，感受传统音乐的韵律，这种直观的感受让用户更加深入地了解传统文化的独特魅力。

2. 互动式学习体验

虚拟导览服务的价值不仅在于呈现静态的文化场景，更在于通过互动式学习体验激发用户的参与感。这一特色使得用户能够不仅仅是观看，更能够在虚拟场景中参与其中，通过亲身体验传统文化的方方面面，加深对其传承和发展的理解。

具体而言，虚拟导览服务可以以虚拟现实游戏形式为载体，让用户参与传统文化的互动活动。在这种情境下，用户有机会体验传统手工艺、参与文化表演等实际活动。例如，通过虚拟现实技术，用户可以模拟制作传统工艺品，感受传统手工技能的乐趣。或者参与虚拟化的传统文化表演，亲身感受古老传统在虚拟空间中的生动呈现。

这样的互动体验不仅仅是学习的手段，更是提升用户对传统文化兴趣的途径。用户通过亲身参与，不仅能够理论性地学习文化知识，还能够在实践中感受文化的内涵。这种学习方式打破了传统学习的单向性，使用户成为文化传承的参与者和体验者，从而更加深刻地融入文化的魅力之中。

互动式学习体验的设计不仅加深了学习的趣味性，也提高了学习的互动性。用户在虚拟场景中的参与不再局限于 passively 观看，而是能够与虚拟环境进行互动。这样的学习方式不仅提高了用户的学习积极性，同时也为用户提供了更具深度和广度的文化学习体验。这种互动性的设计不仅在虚拟导览服务中有着积极的教育效果，也为传统文化的数字化推广提供了更为生动和引人入胜的途径。

（三）智能客服与在线交流

1. 智能问答系统

智能问答系统作为一种智能客服工具，为用户提供了随时获取中华传统文化信息的便捷途径。采用自然语言处理技术，这种系统能够理解用户提出的问题，并以智能化的方式进行回答，从而满足用户在学习过程中的疑问，提高了学习的效率。

用户可以通过智能问答系统随时随地获取关于中华传统文化的信息。无论是关于历史事件、文学作品、传统习俗还是其他方面的问题，用户只需简单地提出问题，系统就能够迅速、准确地给予智能回答。这种即时的、个性化的服务为用户提供了个性学习的机会，使他们在学习中更具自主性和灵活性。

其中，自然语言处理技术的运用是智能问答系统的关键之一。通过深度学习和自然语言理解算法，系统能够分析用户提出的问题，并理解其中的语境、语气以及所表达的含义。这使得系统能够更为准确地解读用户的需求，并给予更贴合用户期望的答案，从而提供更加智能、个性化的学习支持。

这种智能问答系统的应用不仅仅提供了学习过程中的信息查询功能，更为用户提供了与传统文化相关的深度解读。用户不再受制于时间和地点，可以在需要的时候迅速获取所需信息。这不仅解决了学习中的疑问，还为用户提供了一个全天候、全方位的中华传统文化学习平台。

2. 在线社交和学习群体

智能客服系统的运用不仅在于提供个性化的学习服务，还能促进用户之间的在线社交和学习群体的形成。通过在线社交平台，用户得以加入中华传统文化学习的群体，共同参与讨论学习心得、分享文化发现等活动。在这一过程中，人工智能技术的智能匹配功能发挥着重要作用，能够智能地将学习兴趣相近的用户相互匹配，建立起在线学习社区，促使用户之间形成深入的交流，共同实现学习目标。

社交化的学习模式为用户提供了更广泛的学习视野，通过群体讨论和分享，用户可以从不同角度了解中华传统文化，发现新的学习领域，拓展自己的文化知识面。这种开放的社交环境不仅促进了学习资源的分享，还为用户提供了互相启发、共同进步的机会，从而推动整个学习群体的共同成长。

通过在线社交和学习群体，用户可以更深度地参与到中华传统文化的学习中，不再是单一学习者，而是在群体中形成共同体验、共同学习的氛围。这样的社交化学习不仅拉近了用户之间的距离，也为传统文化的推广创造了更为活跃和有趣的社群环境。用户通过分享自己的学习体验，从他人的经验中获得启发，形成了一种集体智慧的共同体。

3. 深度解读与讨论

智能客服系统的作用不仅仅局限于提供基础的信息回答，更在于通过深度学习算法进行中华传统文化知识的深度解读。用户可以向系统提出更为深入的问题，而系统则通过自动分析大量文献和专业资料，为用户提供更为专业、深度的文化解读。这种深度解读不仅满足了对传统文化更深层次了解的用户需求，还为用户提供了与专业人士深度交流的机会，促进了传统文化知识的更为全面传播。

通过深度学习算法，智能客服系统能够深入挖掘中华传统文化的深层内涵。系统在回答用户问题时，不仅仅是简单地提供信息，更能够根据问题的复杂性，进行深度分析和解读。这样的特性使得用户不再仅仅获得表面知识，而是能够通过系统的深度解读，进一步理解文化的背后历史、哲学以及社会背景。

用户向系统提出深度问题的行为，也意味着用户对传统文化有着更高水平的学习需求。系统通过深度解读为用户提供了更专业、更深刻的文化知识，满足了那些渴望深入挖掘传统文化内涵的学习者的需求。这种个性化的服务不仅提高了用户的满意度，也为用户提供了更具学术价值的学习体验。

除此之外，通过深度解读，智能客服系统为用户创造了与专业人士深度交流的机会。用户可以通过系统获取专业级别的解读，同时也可以就所学知识进行深入的讨论。这种互动促进了用户之间的学习交流，使传统文化知识在用户群体中更为全面地传播。

三、典型案例分析

传统体育文化承载着中华民族灿烂的历史文明，其中围棋作为其中的代表之一，一直被视为中华传统文化的瑰宝。随着人工智能技术的不断发展，阿尔法围棋引领的围棋人机大战成为围棋发展的新篇章，标志着现代围棋正式进入 3.0 时代。案例通过运用文献资料法、逻辑演绎法等研究方法，对人工智能驱动的围棋发展进行了系统而深入的分析。

研究发现，人工智能的迅速发展不仅在国内推动了围棋项目的国际化，也促进了围棋教育的改革。阿尔法围棋的出现和成功表明了人工智能在传统文化领域的应用潜力。通过深入分析人工智能对围棋教育的影响，本研究提出了一系列创新的推广策略，以"一带一路"为支点，以围棋文化传承为核心，致力于推动围棋教育的国际化进程。

（一）人工智能时代围棋的发展现状

1. 人工智能围棋发展的三个阶段

计算机围棋的发展经历了三个显著的阶段，每个阶段都代表了人工智能在围棋领域的重要进展。这三个阶段的演进彰显了人工智能围棋的发展历程。

首先，人工智能围棋的第一阶段可以追溯到 20 世纪 60 年代。这一阶段的代表性工作是中山大学陈志行教授发明的"手谈"，以及他编写的"Alpha-Beta 搜索引擎"。虽然当时的棋力水平只能达到业余初段，但这个阶段为后续的研究奠定了基础。陈志行教授的工作在当时领先同行几个数量级，展现了人工智能围棋研究的初步成果。

其次，人工智能围棋的第二阶段始于 2006 年，采用了"蒙特卡洛树"算法。在这一阶段，诸如疯石围棋（CrazyStone）、银星围棋（SilverStar）等围棋人工智能应用了先进的算法，使得电脑围棋开始逐渐接近人类的思维方式。棋力水平也得到了显著提升，达到了业余高段的程度。

最后，人工智能围棋的第三阶段在 2016 年标志着一个巨大的飞跃，由 AlphaGo 引领。在这个阶段，AlphaGo 以绝对的优势战胜了围棋世界冠军李世石，宣告了人工智能围棋的压倒性胜利。随后，AlphaGo 2.0 升级版通过强大的搜索算法和神经网络进行自我对弈和自我学习，以惊人的 100：0 战绩击败了旧版 AlphaGo。这标志着人工智能不再受限于人类，具备了自我学习和自我进化的能力。

这三个阶段的发展体现了人工智能在围棋领域取得的巨大成就，从初步的尝试到逐渐接近人类思维方式，再到具备自我学习能力，每一步都是围棋人工智能发展的关键节点。这一演进过程不仅是技术上的创新，更是人工智能在模拟人类智慧方面的成功探索。

2. AI 技术加快了围棋推广的信息化进程

随着计算机技术在现代围棋智能化进程中的不断融合，越来越多的互联网公司纷纷投入围棋 AI 的研发和推广。在这一潮流中，中国腾讯推出的"绝艺"在 2018 年腾讯世界人工智能围棋大赛中夺得冠军。此外，由清华大学研究团队开发的"星阵"、韩国科技巨头 Kakao 集团旗下"Kakao 智脑"公司研发的 OG-GO，以及比利时的 LeeLaZero 等围棋 AI 也在不同程度上展现了强大的实力，足以与职业高段选手对决。互联网公司等科技力量的涌入，不仅连接了智能技术与传统围棋文化，更加速了围棋的推广和普及，使这个拥有三千年古老历史的围棋项目成功实现了 AI 科技信息化的蜕变。

3. AI 围棋的开源模式推动了围棋智能的外延

现代围棋秉持着"不封闭技术，开放分享新招法和变化"的优良传统。在 AI 围棋研究领域，一些机构采用了开源模式，将其模型和程序代码免费分享，为全球围棋爱好者提供了共享的机会。例如，比利时的 LeeLaZero 以免费开源的形式广受围棋爱好者欢迎，而中国的绝艺则向中国围棋国家队提供了免费使用。美国的 ELFOpenGo 同样以开源模式释出模型，旨在激励更多开发者思考电脑围棋程序的新应用和研究方向。此外，谷歌的 AlphaGo 已经转向医学领域的研究，而韩国围棋研发者李柱永教授则提出了将 AI 围棋技术应用于蛋白质研究的可能性。这一免费开源的趋势不仅为围棋学习提供了高质量的平台，同时也为其他学科的借鉴创造了条件，使得世界各地能够共享学习资源，为人类社会带来福祉。

（二）人工智能发展对传统体育文化传承的影响

1.AI驱动传统体育文化传承培养理念的转变

人工智能在传统体育文化传承培养中的作用的确是显著的，特别是在围棋领域。以下是一些关于AI驱动传统体育文化传承培养理念的转变的思考：

（1）围棋教育的便利化和远程化

人工智能的发展带来了在线学习的便利，学生不再受限于地理位置，可以通过互联网随时随地接触到高水平的围棋教育资源。这种便捷性有助于推动传统体育文化在全国范围内的普及和传承。

（2）AI对抗提高学习效果

人机对抗中，AI的智能程度使得学生能够面对更高水平的对手，从而提高他们的围棋水平。这种高水平对抗有助于培养学生的竞技精神和自我挑战的能力。

（3）技术支撑培养应用型和复合型人才

人工智能为围棋培训提供了技术支持，使得学生不仅仅局限于传统的理论知识，还能够在实践中运用技术，培养更具实际操作能力的人才。

（4）教师职能升级与学生综合能力培养

教师在人工技术的帮助下，可以更专注于挖掘和培养学生的各方面综合能力，而不仅仅是传授围棋技术。这种角色升级有助于培养学生更全面的素质。

（5）传统文化与围棋教育结合

利用新媒体多样性，将中华优秀传统文化与围棋教育相结合，有助于激发学生对传统文化的兴趣，提升他们的爱国情怀，完善个人文化自觉，从而使围棋技艺的传授融入中华优秀传统文化的传播。

2.AI驱动中华传统体育文化国际化发展

人工智能在中华传统体育文化的国际化发展中发挥了重要作用。其出色的语言处理能力，包括语音识别和语音合成等技术，为不同国家间的文化交流和训练提供了便利，使得信息能够在全球范围内自由交流。特别是在围棋领域，AI围棋的迅速发展为推动围棋教育国际化创造了有利条件。

中国的崛起使其成为推动传统体育文化国际化的重要力量。党的十八大以来，中国教育对外开放，成为全球最大的留学生生源国，同时也是亚洲最大的留学目的地。中国传统文化在世界各国的高校中得到了广泛传播，其中围棋作为中华优秀传统文化的代表，在世界范围内的大学中得到了不同程度地开展。

世界大学生围棋比赛成为促进国际交流的平台，已经成功举办五届。这一比赛不仅在亚洲举办，还在英国的剑桥大学和加拿大的多伦多大学等地举行。同时，一些国内职业围棋赛事也选择在国外大学进行，例如第十二届"倡棋杯"半决赛在哈佛大学进行。围棋因其趣味性和对抗性，以及与其他项目如武术不同的传播优势而备受欢迎。通过改革驱动，结合人工智能技术，推动围棋教育国际化成为可能，为中华传统体育文化在全球范围内的传承和发展提供了新的机遇。

3.AI驱动围棋教学方式的变革

在围棋教学方式方面，传统的教师灌输和课堂教学仍然占主导地位，而围棋训练只是辅助手段，导致学生的学习自主性和主观能动性受到较大制约。随着信息和网络技术的不断发展，人们的学习方式发生了根本性的变化，越来越多的人选择通过网络获取知识。在这一背景下，人工智能技术的兴起为围棋教学方式的变革提供了有力支持。

信息技术在高等教育领域已经取得了显著成就，例如在2011年底，斯坦福大学的开放课程在线吸引了来自世界各地数十万人的参与。在教育资源不均衡的情况下，信息技术为高等教育带来了巨大的变革。近年来，国内外教育技术领域不断研发人工智能教育教学应用，这将推动基于网络技术的围棋教学方式的变革。

网络教学方式的改革可以从三个方面进行，即重构教学模式、丰富教学方式和改革考核体系。围棋教学相较于一般体育课程更为复杂，而人工智能的快速发展使得实现互动学习的网络围棋教育成为可能。AI不仅能够实现精准的围棋互动，还能协助分析失败的原因和双方优势局面的占比，显著提升了学习效果。这种精准分析极大地改善了教学质量和效率。尤其值得注意的是，AI为围棋教学方式带来了多元化的可能性，如网络课程结合AI围棋分析和线下实体课程相结合的模式。

4.AI驱动围棋教学内容的更新

人工智能围棋的迅速发展将引领围棋教学内容的全面革新。当前的围棋教育主要包括传统文化为背景的通识教育和以围棋技术为主的专业技能教育两种形式，着重培养围棋师资和从事社会体育工作的专业人员。为了更好地适应时代发展的需要，教学内容和课程设计方面已经通过设置选修课模块，引入"围棋文化""教师教育综合""围棋微格课程"和"棋类俱乐部经营"等内容。

然而，随着人工智能围棋的快速发展，现有的教学内容和课程体系已经显得滞后，无法充分满足时代的要求。我国在运动训练专业的围棋高等教育主要以培养棋手为主的本科教育为主，而与人工智能和网络息息相关的课程学时相对较为有限。因此，在这个时代，推动 AI 驱动的围棋教学内容的更新已成为势在必行的发展趋势。

更新围棋教学内容可以通过以下方式实现：首先，将人工智能围棋的相关知识纳入正式课程，为学生提供更深入的学科知识。其次，通过引入新的选修课程，涵盖人工智能技术在围棋领域的最新研究成果，激发学生的兴趣和创新能力。此外，更新教材和案例，紧密结合人工智能技术在围棋领域的应用，使学生能够更好地理解和运用先进技术。

（三）人工智能时代现代围棋传播的推广策略

1.以文化传承为核心，构建围棋普及新理念

中华优秀传统文化是培育和弘扬社会主义核心价值观的重要组成部分。围棋作为中国古老而深厚的传统文化之一，不仅具有独特的思维特征和精神品质，而且与民族文化紧密融合，具备善思多谋、注重全局、坚韧拼搏、灵活腾挪的特质。教育部在 2014 年颁布的《完善中华优秀传统文化教育指导纲要》中明确提出，大学阶段应增强学生传承弘扬中华优秀传统文化的责任感和使命感。在人工智能围棋快速发展的今天，围棋不仅可以成为传承中华传统文化的良好载体，同时也有望通过人工智能技术缓解围棋师资地域不平衡的问题。

随着人工智能大数据网络的兴起，围棋传播方式和表达内容可以根据用户的喜好进行调整和更新，制定个性化的推送内容，加强学习的针对性。这为进一步激发人们对中华优秀传统文化的兴趣提供了有力支持，实现中华文化的传承。人工智能在转变围棋传承理念方面提供了重要契机，不仅将围棋的技能传承更多地聚焦于历史积淀和文化内涵，同时也使围棋文化与弘扬中华文化紧密相连。这种新时代的围棋普及理念将以文化传承为核心，为围棋的发展注入新的活力与内涵。

2.发挥人工智能媒体优势，实现围棋文化的二次创新

当代教育的发展需要紧密结合市场需求，贴近社会生活，而围棋文化传承的目标应当是培养既有素质、知识，又具备传播与经营能力的复合型人才。在这个背景下，充分利用网络优势和人工智能技术，实现围棋技术与文化的二次创新成为当务之急。过去由于技术条件的限制，围棋的技术和文化往往是分离的，难以

融合在一起。然而，智能技术的迅速发展为传统文化提供了崭新的展示方式。

在文化创作方面，巧妙地运用智能技术可以提升围棋艺术创作的成果。过去，技术的约束使得围棋的技术和文化相对独立，但现代智能技术为传统文化注入了新的活力。通过在文化创作中合理应用智能技术，我们能够更加生动地呈现围棋的精神内涵，推动围棋文化的二次创新。

3. 以围棋 3.0 时代为背景，完善建立多层次

围棋 3.0 时代以人工智能围棋和互联网信息技术的高速发展为主要特征，为满足不同层次的围棋教育需求提供了广阔的可能性。特别是在远程教育领域，人工智能围棋可以发挥独特的作用，提供全天候的教练、全段位的陪练、公正的裁判、铁面的考官、随身翻译和不竭的智库。在实用的层面上，智能围棋可以构建技术体系、裁判体系、数据体系、传播体系、教育体系和娱乐体系这六大体系，从而形成一个全面的围棋教育智能平台。

当前，高校和从事人工智能行业的企业迫切需要合作，共同制定和完善涵盖竞技、历史、文化、市场与资讯的围棋教育大数据库及评估体系。在此背景下，迫切需要尽快建立中国围棋多层次的教育体系。通过开展校际合作，发挥校际联盟的优势，可以成为培养复合型围棋人才的最佳选择。这一多层次的围棋教育体系将更好地满足不同学生的需求，促进围棋在中国的传承与发展。

第三节　移动应用与在线教育在中华优秀传统文化传承中的角色

一、移动应用的普及与传统文化融合

（一）移动应用的广泛应用

1. 移动应用在社会生活中的普及

随着移动应用在社会生活中的普及，中华传统文化迎来了新的传播时机。移动应用作为一种智能技术工具，为传统文化在社会生活中的融入提供了便捷而广泛的途径。这一趋势不仅是技术的进步所促成，更是社会文化与科技的有机融合的产物。

移动应用的广泛应用使中华传统文化得以通过手机平台普及到用户的日常

生活中。用户通过移动应用，可以随时随地获取有关传统文化的信息、历史、艺术等多方面的内容。这为传统文化的传播提供了一种灵活且多元的手段，与传统的纸质书籍、线下文化活动相比，移动应用极大地提高了信息的传递速度和便利性。

这一现象反映了技术的进步与社会文化的融合。随着科技不断发展，人们的生活方式发生了深刻的变革，移动应用的广泛应用成为这一时代的特征之一。技术的进步为文化传播提供了全新的可能性，打破了时空的限制，使传统文化可以更加直观、便捷地进入人们的日常生活。

最后，移动应用为传统文化提供了新的传播渠道。通过各类文化应用，用户可以参与虚拟活动、互动体验，增加了学习的趣味性和参与感。这种互动性不仅吸引了年轻一代的用户，也促进了用户对传统文化的深度理解。同时，移动应用的社交功能也使得用户能够分享自己在应用中的文化体验，形成了一种社交共享的文化氛围，扩大了传统文化的影响范围。

2.传统文化在移动应用中的直观传播

移动应用在当代社会为传统文化提供了直观、便捷的传播途径。这一趋势反映了科技与文化相互融合的时代特征，为传统文化的普及和传承创造了全新的可能性。

通过移动应用，用户得以随时随地通过手机学习和体验传统文化。这种直观的传播方式在多方面展现了其优势。首先，通过文字、图像和视频等多媒体形式，传统文化内容得以以更为生动、形象的方式呈现在用户眼前。这不仅使用户更容易理解传统文化的内涵，同时也提高了学习的趣味性，激发了用户对传统文化的浓厚兴趣。

其次，移动应用的便捷性为传统文化的传播提供了更广泛的受众。用户无需受时间和空间的限制，可以根据自身的时间安排随时获取传统文化的信息。这为那些繁忙而又渴望学习传统文化的人们提供了便利，有效地拉近了传统文化与现代生活之间的距离。

除了传统文化知识的传播，移动应用还通过互动设计，使用户更深度地参与传统文化的体验。虚拟活动、答题互动等形式，使用户能够在参与的过程中更深刻地了解传统文化的内涵。这种互动性有效地激发了用户对传统文化的兴趣，促进了文化传承的积极性。

3.移动应用的文化传播途径

移动应用作为一种文化传播途径，在当代社会发挥着关键性的作用。它不仅为用户提供了传统文化知识的获取渠道，而且通过多样化的功能和巧妙的互动设计，成功将用户引入传统文化的深层体验之中，为传统文化的普及和传承创造了崭新的可能性。

首先，移动应用通过其多媒体的特性，以文字、图像、音频、视频等形式，为用户提供了直观、生动的传统文化内容。这种丰富的呈现方式使得用户能够更全面地了解传统文化，而非仅仅局限于文字表述。通过视觉和听觉等多感官的参与，用户更容易被吸引，从而加深对传统文化的理解和认同。

其次，移动应用通过各种功能设计，为用户提供了更为丰富的文化体验。虚拟活动、答题互动、文创产品等举措使得用户在应用中不仅仅是被动接收文化信息，更是能够主动参与文化活动。这种互动性不仅提升了用户的参与感，同时也激发了对传统文化的浓厚兴趣，促进了文化传承的积极性。

进一步地，移动应用的社交功能为文化传播提供了更为广泛的渠道。用户可以通过社交媒体等平台分享在应用中的文化体验，形成一个社交共享的文化氛围。这种社交化的传播模式不仅拉近了用户之间的文化交流，也将传统文化的影响扩大到更广泛的社会层面，推动了文化的传播。

（二）便捷性的提升

1.移动应用的便捷性对传统文化的意义

移动应用的便捷性为传统文化的传承和普及带来了显著的意义。这一特性有效地拉近了传统文化与用户之间的距离，为传统文化的传播提供了更为灵活和广泛的途径。

首先，移动应用的便捷性使得用户无需受时间和空间的限制，可以随时随地通过手机获取传统文化知识。这为那些繁忙而又渴望学习传统文化的人们提供了方便，打破了传统学习方式的时空束缚。用户可以在工作、学习之余，通过应用轻松获取传统文化的信息，实现了传统文化知识的随时学习。

其次，移动应用的便捷性不仅仅体现在知识的获取上，还在于用户能够轻松参与各类文化活动。通过应用，用户可以参与虚拟活动、答题互动等，这种互动性有效地拉动了用户对传统文化的兴趣，并使他们更深度地参与到文化传承的过程中。用户无需前往特定的地点，仅需打开手机应用，便能够全身心地投入到传统文化的学习和体验之中。

最后，移动应用的便捷性也为传统文化的推广创造了更为广泛的社会参与。通过社交媒体等平台，用户可以分享在应用中的文化体验，形成一个社交共享的文化氛围。这种社交化的传播不仅拉近了用户之间的文化交流，同时也将传统文化的影响扩大到更广泛的社会层面，促进了文化的传播和普及。

移动应用的便捷性在传统文化传承和普及中具有深远的意义。它不仅为用户提供了更为灵活、方便的学习和参与方式，也拓展了传统文化的传播渠道，使得这一珍贵的文化遗产更好地适应了当代社会的发展需求。

2.移动学习对传统文化传承的支持

移动学习在传统文化传承方面发挥着重要的支持作用。传统文化的传承需要长期的学习和深度的参与，而移动应用的便捷性为用户提供了更容易融入传统文化学习过程的途径，从而有效地推动了传统文化的传承。

移动应用的便捷性使得用户可以随时随地轻松融入传统文化的学习。无论是深厚的历史、复杂的语言还是繁复的传统技艺，用户通过移动学习可以便捷地获取相关知识。通过手机应用，用户可以阅读传统文学著作，学习历史文化的渊源；通过在线语言学习应用，用户可以轻松掌握传统语言，拓展文化交流的广度；通过互动设计的传统手艺应用，用户能够在虚拟环境中学习和体验传统技艺。这一灵活的学习方式有助于提高用户的学习积极性，让他们在繁忙的生活中更容易融入传统文化的传承之中。

移动学习通过多样的学习资源和形式，使得传统文化的学习更为生动和多元。手机应用上的文学、历史、语言等多媒体形式的呈现，以及通过虚拟实景技术呈现的传统技艺，都使用户在学习过程中更为直观地感受到传统文化的内涵。这种多元的学习方式有助于提升用户对传统文化的深度理解，使学习过程更加富有趣味性和参与感。

移动学习还通过其个性化学习的特点，更好地满足不同用户的学习需求。通过应用的智能推荐系统，用户可以根据自身兴趣和水平选择合适的学习内容，实现个性化学习路径。这种个性化学习有助于激发用户的学习兴趣，提高学习效果，促进传统文化在个体层面的传承。

3.移动应用促进传统文化的日常化

移动应用通过其便捷性和互动性，成功促进了传统文化在用户的日常生活中的日常化，将其融入人们的生活习惯中。这种日常化的传播方式为传统文化在当代社会的传承和发展提供了全新的途径，对文化的传播与发展起到积极的推动作用。

首先，通过移动应用，传统文化得以以多样的形式融入用户的日常生活。无论是在社交媒体分享中，通过应用参与的文化活动，还是在学习应用中获取的传统文化知识，这些体验渗透到了用户的日常生活。移动应用为用户提供了随时随地与传统文化互动的机会，使传统文化不再局限于特定时间和地点，而是成为用户生活的一部分。

其次，移动应用通过互动设计，使传统文化在用户心中建立了更为深刻的印象。通过虚拟活动、答题互动等形式，用户不仅仅是被动地接收传统文化知识，更是能够主动参与其中，形成了一种亲身体验的学习方式。这样的互动性激发了用户对传统文化的浓厚兴趣，促使其更自觉地将传统文化融入日常的生活中。

最后，移动应用通过社交功能，形成了一个文化共享的社区。用户可以在应用中分享自己的文化体验，与他人进行文化交流，这种社交共享的模式促使了传统文化在用户之间的传递。这种社交化的传播模式使传统文化更加贴近人们的生活，树立了传统文化在用户心中的地位，使之成为人们生活中的一部分。

（三）互动性的加强

1. 移动应用互动设计的重要性

移动应用通过巧妙的互动设计，为用户提供了更为深刻和丰富的传统文化体验，突显了互动性在文化传播中的重要性。这种互动性不仅仅提升了用户对传统文化的兴趣，同时也在感性和认知层面上拉近了用户与文化之间的关系，为传统文化在当代社会的传承和发展注入了新的动力。

首先，通过互动设计，移动应用成功地创造了更加生动和引人入胜的文化体验。虚拟活动、答题互动、文化游戏等形式的设计使得用户不再是被动的文化消费者，而是能够积极参与其中。这种互动性使得传统文化的学习过程更具趣味性和参与感，用户在参与虚拟活动的同时，更深刻地了解传统文化的内涵，从而提高了文化的传播效果。

其次，互动设计促进了用户与传统文化之间的情感连接。通过用户的参与和互动，他们不仅仅是被动地接收文化信息，更是能够在体验中建立情感共鸣。这种情感共鸣加深了用户对传统文化的认同感，使其更加珍视和热爱传统文化。互动性的设计拉近了用户与传统文化之间的距离，使其不再是冷冰冰的知识学习，而是真实而深沉的文化体验。

最后，通过社交媒体等平台的互动设计，移动应用成功地构建了一个文化共享的社群。用户可以分享在应用中的文化体验，与他人交流互动，形成一个共同关注传统文化的社会氛围。这种社交共享不仅加强了用户之间的文化交流，同时也扩大了传统文化的影响范围，促使其在社会层面更为广泛地传播。

2.虚拟活动的吸引力

虚拟活动在移动应用中的设计不仅丰富了用户体验，而且为传统文化的传承注入了新的元素，具有较强的吸引力。通过应用中的虚拟活动、答题互动等设计，用户得以更深刻地理解传统文化的内涵，这种形式不仅具有趣味性，还能够在娱乐中传递文化价值观，为传统文化的传承和发展带来新的可能性。

虚拟活动的吸引力首先体现在其趣味性和互动性上。通过应用设计的虚拟活动，用户能够在虚拟环境中参与文化体验，如虚拟历史考古活动、传统技艺模拟等。这样的虚拟活动既让用户沉浸其中，感受传统文化的乐趣，又通过互动的方式增加了参与感，使用户更深度地了解文化内涵，从而激发了他们对传统文化的浓厚兴趣。

其次，虚拟活动在娱乐过程中传递文化价值观，使传统文化更贴近当代生活。通过设计趣味性的虚拟活动，应用能够将传统文化的核心价值融入其中，引导用户在娱乐过程中了解文化的道德、哲学等方面。这种娱乐性与文化价值的结合，使用户在享受虚拟活动的同时，潜移默化地接受了传统文化的精髓，促进了文化价值观的传播和传承。

最后，虚拟活动在设计上具有一定的灵活性，能够满足不同用户的需求。通过虚拟活动，用户可以选择自己感兴趣的主题，定制个性化的体验，使之更符合个体差异和兴趣偏好。这种灵活性有助于提高用户的参与度，使他们更积极地融入传统文化的学习和传承中。

3.互动性对文化传承的积极影响

互动性在移动应用中的强化为文化传承注入了新的活力，通过激发用户的积极性，使其更深度地参与传统文化的学习和传承。用户参与虚拟活动、互动游戏等形式，不仅仅学到了更多的文化知识，同时在互动的过程中形成了对文化的深刻理解与认同，产生积极影响。

首先，互动性强化了用户与传统文化之间的亲密关系。通过移动应用中设计的互动活动，用户不再是被动接受文化信息的观众，而是积极参与其中的主体。这种亲身参与的经历使用户更加亲近传统文化，增强了他们的文化认同感。通过答题、互动游戏等方式，用户在娱乐中获得文化知识，不仅更容易记忆和理解，而且更加深刻地体会到文化的内涵，形成对传统文化的深刻理解。

其次，互动性加强了用户的学习积极性。传统文化的学习通常需要较高的学习积极性和主动性，而互动性的设计正是满足了这一需求。通过互动设计，用户可以在虚拟环境中参与文化活动、答题互动等，使得学习变得更加趣味化和具有挑战性。这种互动性激发了用户对学习的兴趣，使他们更加主动地探索、了解传统文化，从而提高了学习效果。

最后，互动性还强化了用户之间的社交联结。通过社交媒体等平台的互动设计，用户能够分享自己在应用中的文化体验，与他人交流互动，形成一个文化共享的社区。这种社交性的互动不仅加强了用户之间的文化交流，同时也为用户提供了共同探讨、学习的平台，进一步促进了文化传承的互动性。

二、移动应用的互动体验与社交共享

（一）互动设计的优势

1.移动应用中的互动设计

移动应用通过巧妙的互动设计，为用户提供了更加生动且引人入胜的文化体验。其中，虚拟活动和游戏化元素等设计策略不仅能够激发用户的学习兴趣，更在参与的过程中深度融入传统文化，形成了一种全新的学习体验。

在这种互动设计中，虚拟活动的运用为用户提供了一种仿佛身临其境的感觉。通过移动应用，用户可以参与虚拟的文化活动，如传统手工艺制作、艺术表演模拟等，使传统文化在虚拟空间中焕发出更加真实和丰富的生命力。这种互动形式使用户能够更直观地感受传统文化的魅力，同时在互动中获得知识，达到寓教于乐的效果。

最后，游戏化元素的引入也成为提升用户参与感的有效手段。通过设定有趣的游戏任务、谜题挑战或者竞赛活动，移动应用成功地激发了用户的学习兴趣和主动参与的欲望。这种设计不仅使学习过程更加趣味化，还在竞争与合作中增强了用户之间的互动性，形成了一个具有社群感的学习环境。用户通过与他人的互动，不仅能够获取知识，还能够分享和交流自己对传统文化的理解，形成一种共同体验的文化学习氛围。

2.虚拟活动的教育意义

在移动应用中引入虚拟活动，尤其是文化互动游戏，对于传递文化知识以娱乐的形式具有深远的教育意义。这种设计不仅引发用户的兴趣，同时也使得学习过程更为轻松愉悦，进而提高用户对传统文化的吸收效果。

虚拟活动的引入首先为传统文化教育提供了一种新颖的学习方式。通过在移动应用中创建虚拟文化活动，用户能够以娱乐的方式参与文化体验，使得传统文化知识在互动中得以生动呈现。相比传统的教学方式，这种形式的虚拟活动更富有趣味性，能够激发用户的学习兴趣，提高学习的积极性。虚拟文化活动不仅是传统文化知识的传递者，更是一种互动性强、参与感强烈的学习工具，使用户在轻松愉快的氛围中自然而然地接触和了解传统文化。

其次，虚拟文化活动的设计促进了文化知识的实际运用。通过将文化知识融入互动游戏中，用户在参与虚拟活动的过程中不仅仅是被动接受信息，更是在实际操作中运用所学知识。这种互动性质强的设计使用户能够在娱乐的过程中主动运用文化知识，加深对传统文化的理解。实际运用文化知识的过程有助于加深用户的印象，提高知识的记忆度，从而实现更为有效的学习效果。

最后，虚拟文化活动的教育意义还表现在其促进了用户对传统文化的情感投入。通过娱乐化的互动游戏，用户可以在轻松的氛围中建立对传统文化的情感联系。虚拟文化活动设计中融入的故事情节、角色扮演等元素，使用户在游戏中产生共鸣和情感共鸣，从而形成对传统文化的积极情感。这种情感投入不仅使学习过程更富有人情味，也为用户更深入地理解和体验传统文化提供了可能。

3.互动设计对文化理解的促进

互动设计在文化理解方面发挥了重要的促进作用。通过将用户纳入虚拟活动的参与者，互动设计使用户更深入、更全面地理解传统文化的内涵。在移动应用中，通过互动的方式参与文化体验，用户能够更直观地感受传统文化的价值观念，从而增强对文化传承的深度理解。

首先，互动设计通过虚拟活动的形式为用户提供了参与文化的实际机会。通过在应用中设置虚拟活动，用户得以在模拟的环境中亲身体验传统文化的方方面面。这种实际参与的方式使用户更加贴近文化内涵，通过亲身经历而非被动学习，使文化理解更为深刻。例如，在文化互动游戏中，用户可能扮演特定角色，模拟传统文化场景，从而在互动中体验到文化的独特之处。

其次，互动设计强调用户的主动参与，使其更容易感知传统文化的价值观念。在互动的过程中，用户不仅仅是信息的接收者，更是文化体验的参与者。通过解谜、角色扮演等设计，用户在主动参与的情境中逐渐理解传统文化的思想观念。这种主动参与的设计让用户能够更好地理解文化传承中所蕴含的价值观念，从而在互动中形成对文化的更深层次的认知。

最后，互动设计促进了用户对文化传承的深度理解。通过在虚拟活动中嵌入文化元素，用户在互动中逐渐领悟到传统文化的精髓。这种深度理解不仅体现在对传统文化的知识的掌握上，更体现在对文化内涵的感悟和情感层面。用户通过互动设计，能够更全面、更深刻地理解文化传承中所蕴含的历史、价值观念以及社会背景，为文化的传承和弘扬提供了更为丰富和深远的基础。

（二）社交共享的文化氛围

1.社交媒体与文化体验的结合

社交媒体与文化体验的结合为用户提供了一个分享和交流的平台，通过这些渠道，用户能够将在应用中的文化体验分享给他人，从而形成一个社交共享的文化氛围。这种分享不仅令用户的文化体验更具交流性，同时也在社会层面扩大了传统文化的影响力。

社交媒体的兴起为文化体验的社交化提供了便捷的途径。用户在应用中通过互动设计所获得的文化体验，可以通过社交媒体等平台方便地与他人分享。这种社交化的文化体验分享让用户能够在虚拟空间中构建起一个跨越地域的文化社区，促使不同地区、不同背景的用户之间共同探讨和分享对传统文化的理解和感悟。社交媒体的传播速度和广泛覆盖的特点使得这种文化体验的社交化传递更为高效和全面。

最后，社交媒体的分享机制为用户提供了更为灵活的表达方式。通过文字、图片、视频等多样化的媒介形式，用户能够更全面地展示他们在应用中的文化体验。这种多媒体的分享形式使得文化体验更具生动性和感染力，能够更好地吸引其他用户的关注和参与。通过社交媒体分享，用户不仅仅传递文化知识，同时也传达了个人对文化的情感和态度，从而更好地促进文化交流和理解。

这种社交媒体与文化体验的结合，不仅仅是个体层面的交流，更在社会层面扩大了传统文化的影响力。通过社交媒体的传播，用户的文化体验得以在更广泛的范围内传递，进而影响更多的人。这种传播方式形成了一种社会化的文化传递模式，使得传统文化能够更好地融入当代社会，得到更广泛的认可和推广。社交媒体作为一个集体传播的平台，为文化的传承和弘扬提供了新的途径和可能性。

2.社交共享对传统文化的推广作用

社交共享所形成的文化氛围具有显著地推广传统文化的作用，它扩大了传统文化的影响范围，使更多的人能够了解、关注和参与传统文化的传承。用户通过在应用中的文化体验的分享，实现了对文化传统的自发宣传，从而促进了文化的传播。

首先，社交共享通过用户的互动和传播，将传统文化的信息传递给更广泛的受众。用户在应用中的文化体验通过社交媒体等平台分享，形成了一个群体性的传播模式。这种群体性的传播能够快速地将文化信息扩散到不同地域、不同社群的人群中，使得传统文化的影响范围得以扩大。通过社交共享，传统文化不再受限于传统的传媒渠道，而是能够通过用户之间的分享达到更为直接和广泛的传递效果。

其次，社交共享形成了一种用户自发参与的文化传播模式。用户通过分享自己在应用中的文化体验，实际上成为传统文化的推广者。这种自发宣传能够更真实、更直观地传达用户对传统文化的认同和喜爱，从而引起其他用户的共鸣和兴趣。这种基于用户自发性的传播模式使得文化推广更加具有情感共鸣和个体参与的特点，进一步激发了用户对传统文化的积极参与和认同。

最后，社交共享通过形成文化氛围，创造了更有利于传统文化传承的社会环境。在形成文化共享的社交网络中，用户之间形成了一种互动和交流的关系，共同探讨和传递传统文化的相关信息。这种社交网络的形成传统文化提供了一个更为活跃和有利的传播环境，有助于传统文化的传承和弘扬。文化氛围的形成也使得更多的人感受到传统文化的价值，增强了社会对传统文化的认同和关注度。

3.社交共享对用户认同感的影响

社交共享通过社交媒体等共享平台，为用户提供了形成共同兴趣社群的机会，进一步强化了他们对传统文化的认同感。在这个过程中，用户通过社交共享建立更紧密的联系，形成更为牢固的文化共同体，从而促进了传统文化的传承。

首先，社交共享通过互动和分享，使用户在共同的文化兴趣上形成了紧密的社群。在社交媒体平台上，用户通过分享自己在应用中的文化体验、评论和观点，形成了一个共同关注传统文化的社交网络。这个网络使用户能够找到拥有相似文化兴趣的他人，建立起一个共同体验和认同传统文化的社群。通过与其他用户的互动，用户之间的关系更为紧密，形成了更加深厚的情感纽带。

其次，社交共享通过形成文化共同体，增强了用户对传统文化的认同感。在社交共享的平台上，用户通过分享和交流对传统文化的理解、感悟和喜爱，形成了一种集体性的文化认同。通过与其他用户的互动，用户能够感受到来自社群的认同和支持，使他们的个体认同逐渐融入更为庞大的文化共同体中。这种共同体感使用户更加深刻地认同传统文化，并愿意为其传承和弘扬贡献自己的力量。

最后，社交共享在促进文化传承方面发挥了积极作用。通过社交共享建立的文化共同体不仅在感性上增强了用户对传统文化的认同感，而且在行动上也推动了文化传承的实际发生。用户通过共享传统文化的信息、参与文化活动，实际上参与到了文化的传承过程中。这种积极的参与不仅强化了用户的认同感，同时也促进了文化的传承和发展。

（三）形成用户社群

1.移动应用促进用户社群的形成

移动应用通过其互动和社交功能，成功促使用户形成共同的兴趣社群。这种社群在应用内进行文化交流和讨论，进一步加强了用户对传统文化的认同感，构建起更为牢固的文化共同体。

首先，移动应用通过互动设计和社交功能，为用户提供了一个实现共同兴趣的平台。用户在应用中可以通过评论、分享、点赞等互动方式与其他用户进行交流，形成一个共同关注传统文化的社交网络。这种社交网络将具有相似文化兴趣的用户连接在一起，促使他们形成一个具有共同目标和共同体验的兴趣社群。在这个社群中，用户能够分享自己的文化体验、交流对传统文化的理解，从而促成了社群的形成。

其次，移动应用的社交功能为用户提供了广泛而便捷的文化交流平台。用户可以在应用中通过发表文字、图片、视频等多种形式的内容进行文化交流和分享，实现了信息的传递和沟通。这种开放的文化交流环境使用户更容易找到志同道合的伙伴，形成更为紧密的社群关系。通过在应用中展示个体文化体验，用户能够引发其他用户的共鸣，进而促使社群的形成。

最后，应用内的文化交流和讨论有助于加深用户对传统文化的认同感，形成更为牢固的文化共同体。通过在社群中进行文化交流，用户能够深入地分享对传统文化的理解和感悟，形成共鸣和互动。这种深层次的文化交流不仅增强了用户对传统文化的认同感，同时也促成了用户之间更为紧密的联系，使得文化共同体更加坚实和稳固。

2.用户社群对文化传承的积极作用

用户社群的形成对于文化传承具有积极而深远的作用。这一社群的形成不仅在应用中促进了文化交流，还为传统文化的传承提供了更为广泛的支持。

首先，用户社群通过在应用中进行文化交流，推动了不同文化理念之间的碰撞与交流。在这个社群中，来自不同文化背景的成员能够分享自己的文化体验、理解和认知，形成多元的文化视角。通过这种多元性的文化碰撞，社群成员能够更全面地理解和认同传统文化，从而推动文化传承的多元发展。这种文化理念的交流为传统文化注入新的思维和元素，使其更好地适应当代社会的需求，实现传统与现代的有机结合。

其次，用户社群为传统文化的传承提供了更为广泛的支持。社群成员在应用中能够共同探讨、传递和分享传统文化的知识，形成一种共同关注和共同参与的文化氛围。这种文化共同体的形成使得传统文化得以在更大范围内传承和弘扬。社群成员可以通过互相学习、讨论和分享，共同推动传统文化的传承工作。这种群体的力量为传统文化提供了更为强大的支撑，使其在当代社会更具生命力和持久力。

3. 用户社群对文化创新的贡献

用户社群的形成对文化创新具有重要的贡献。在这个社群中，来自不同文化背景的用户能够在文化交流中带来各自独特的视角和创新思维，从而促进了传统文化在移动应用平台上的创新表达，实现传统文化与当代社会的更好融合。

首先，用户社群的多元性为文化创新提供了丰富的素材。在社群中，不同背景的用户能够分享自己对传统文化的理解和体验，呈现出多样化的文化观点。这种多元性为文化创新提供了广泛的参考和启发，使得传统文化能够更全面、更多层次地被理解和表达。不同文化视角的交流促使传统文化在应用中呈现出更加多元和开放的形象，更好地满足了用户多样化的文化需求。

其次，用户社群的互动性促进了文化创新的集体智慧。在社群中，用户可以通过讨论、互动等方式共同探讨传统文化的表达方式和创新点。这种集体智慧的形成使得传统文化的创新不再是个体的努力，而是通过众多用户的共同努力得以实现。社群中的互动和合作激发了更多的创意和新颖观点，为传统文化在移动应用平台上的创新提供了集体智慧的支持。

最后，用户社群为文化创新提供了广泛的传播渠道。社群成员可以通过社交媒体等平台分享他们对传统文化的创新理念和作品，使得这些创新能够更迅速、更广泛地传播给更多的用户。这种广泛的传播为文化创新赢得了更多的关注和认可，推动了创新成果在社会中的更广泛应用。

三、移动应用在文创产业中的应用

（一）文创产品的创新

1.移动应用在文创产业的关键角色

移动应用在文创产业中扮演着至关重要的角色，通过其丰富的文化创意和创新的互动设计，为传统文化注入了新的活力。这一角色的关键性体现在应用中的文创产品，通过数字化、虚拟化等先进手段，成功地进行了传统文化的重新呈现，使其更好地适应当代人的需求和审美趣味。

首先，移动应用通过数字化的手段将传统文化转化为数字形式，实现了文化的数字化展示。这一过程使得传统文化更易于被保存、传承和分享。数字化的文化展示不仅丰富了文创产品的形式，也为用户提供了更为灵活的体验方式。通过应用中的虚拟展览、数字图书馆等功能，用户可以随时随地深入了解传统文化，加深对文化内涵的理解。

其次，移动应用通过虚拟化的手段为用户创造了更为沉浸式的文化体验。通过虚拟现实（VR）和增强现实（AR）等技术，用户可以在应用中仿佛置身于传统文化场景之中。这种沉浸式体验不仅丰富了用户的感官体验，同时也拉近了用户与传统文化之间的距离，促进了用户的情感共鸣。

最后，移动应用通过创新的互动设计加强了用户与文化之间的互动性。通过文创产品中的互动游戏、虚拟活动等设计，用户能够更加生动地参与到传统文化的传承与创新过程中。这种互动性不仅提高了用户的参与感和体验感，同时也促进了用户对文化的更深层次理解。

2.文创产品的数字化表达

通过数字技术，移动应用为传统文化创造了崭新的数字化表达方式，为用户提供更为丰富、沉浸式的文化体验。其中，引入了AR（增强现实）技术成为一个重要的创新手段，为传统文化的数字表达带来了全新的可能性。

在移动应用中，AR技术通过虚拟叠加的方式，将虚拟的传统文化场景融入用户的真实环境中，创造出一种真实与虚拟相结合的感觉。用户可以通过手机或平板设备，直接在屏幕上看到传统文化元素与实际环境相融合的场景，从而与虚拟的文化景观进行互动。这一数字化表达方式使得用户不再局限于传统的文化学习方式，而能够通过更为直观、亲身的体验感知传统文化的魅力。

AR技术的运用也使得用户与传统文化之间的互动更为生动化和实际化。用户可以通过移动设备对实际场景中的文化标志、古迹建筑等进行扫描，应用中的AR技术会即时呈现相关的文化信息、故事或虚拟角色，使用户感受到更加立体的文化传承。这种数字化表达方式的创新，不仅提升了用户的文化参与感，也为传统文化的数字化传播打开了全新的可能性。

最后，通过数字化表达，传统文化可以以更为生动、具体的形式呈现在用户眼前，从而提高用户对文化内涵的理解。AR技术使得用户能够以互动的方式了解历史文化、传统艺术等元素，增强了用户的文化体验。这种数字化表达方式为传统文化注入了新的生命力，使其更好地适应现代社会的多样化需求，促进了文化传承与创新的融合。

3.互动设计的文创新

互动设计在文创产品中的巧妙应用促进了传统文化的创新。通过引入用户参与式设计的理念，文创产品通过各种互动元素，如虚拟活动和互动游戏等，为用户提供了更深层次的传统文化体验，从而使得文创产品更具吸引力和创新性。

首先，互动设计通过引导用户参与虚拟活动，创造了一种沉浸式的文化体验。用户可以通过应用参与虚拟的文化场景，与虚拟元素进行互动，使得文化传统不再是单纯的被动接受，而是通过互动成为用户参与的主体。这种设计理念使传统文化焕发出新的活力，用户能够更直观、深刻地感受和理解文化内涵。

其次，互动游戏的引入为文创产品注入了更多创新元素。通过设计有趣、富有挑战性的互动游戏，文创产品不仅能够吸引用户的注意力，更能够激发用户对传统文化的兴趣。用户在游戏过程中既能够学习传统文化的知识，又能够在娱乐中感受文化的魅力，从而达到更好的传播效果。互动游戏的设计不仅提升了用户的参与感，同时也使得传统文化在数字化时代焕发更为丰富的表现形式。

最后，互动设计还能够通过用户行为数据的收集与分析，为文创产品的不断优化提供依据。通过了解用户在应用中的互动行为，产品开发者可以更准确地把握用户需求，有针对性地进行文创产品的更新和改进。这种数据驱动的互动设计模式不仅有助于提高产品的用户满意度，同时也推动了文创产品的创新发展。

（二）虚拟展览的推动

1.移动应用中的虚拟展览

在移动应用中，虚拟展览作为一种创新形式，为用户提供了更加丰富多彩的传统文化体验。虚拟展览通过高度还原的数字化手段，使用户仿佛置身于传统文化的实际场景，从而拓展了用户对传统文化的认知，为文化的传承和推广注入新的活力。

首先，虚拟展览通过数字技术的高度还原，为用户呈现了真实感极强的传统文化场景。通过应用中的虚拟展览，用户可以近距离欣赏传统文物、文化遗产，感受到传统文化的艺术美和历史沉淀。这种高度还原的数字化呈现使得用户无需实际前往博物馆或展览场地，即可体验到传统文化的独特魅力，提高了文化传承的便捷性和广泛性。

其次，虚拟展览为用户提供了与传统文物互动的机会。通过应用中的虚拟展览，用户可以与数字化的文物进行互动，了解文物的来历、制作工艺等细节，进一步深化了对传统文化的理解和认知。这种互动设计不仅让用户在视觉上感受传统文化的魅力，同时也通过实际参与，增加了用户对文化的体验感和参与感。

最后，虚拟展览还通过数字化的手段为用户提供了更加便捷的学习途径。用户可以随时随地通过应用参与虚拟展览，不受时间和空间的限制，更方便地进行文化学习。这种便捷性有助于吸引更多用户参与到传统文化的学习和传承中，为文化的普及和推广提供了新的途径。

2.技术推动文创产业的发展

虚拟展览的引入和推动不仅仅提供了更广泛的传统文化展示平台，同时也在推动文创产业的发展方面发挥了关键作用。这种数字化的展览形式吸引了更多的用户，为文创产业注入了新的创新动力。

首先，虚拟展览为文创产业提供了更广泛的传播渠道。传统的文创产业通常受限于实体场馆的容量和地理位置，而虚拟展览通过数字化的方式打破了这一限制。用户可以通过移动应用等平台随时随地参与虚拟展览，使文创产业的展示面向全球，扩大了观众群体。这样的数字传播方式既提高了传统文化的曝光度，也促使了文创产品的更广泛传播。

其次，虚拟展览推动了文创产业的创新发展。数字化展览提供了更灵活、多样的展示形式，允许文创产品以全新的方式呈现。通过技术手段，文创产业可以结合虚拟现实（VR）、增强现实（AR）等技术，为用户创造更丰富、更具交互性的文化体验。这样的创新形式为文创产品的设计和制作带来了更大的发挥空间，提高了产品的吸引力和市场竞争力。

最后，虚拟展览推动了文创产业与科技产业的深度融合。在数字化的虚拟展览中，科技成为文创产业的重要支撑。与传统的文创产业相比，数字展览需要更多的技术支持，推动了文创产业与科技产业的深度协同。这种跨界合作不仅提升了文创产业的技术水平，也为科技产业提供了更广阔的应用场景，形成了一种互利共赢的关系。

3.传统文化与科技的深度融合

通过虚拟展览等方式，传统文化与现代科技实现了深度融合，这一融合架起了连接过去和现在的桥梁，使传统文化更加贴近现代人的生活。这种深度融合不仅拓展了传统文化的受众范围，同时也促进了传统文化在当代的传承与发展。

在虚拟展览中，现代科技为传统文化注入了新的元素，通过数字技术、虚拟现实、增强现实等先进技术手段，传统文化得以以更直观、更具体的方式呈现。例如，通过AR技术，用户可以在虚拟展览中与传统文化场景互动，如身临其境地走进历史古迹或参与传统文化活动，使传统文化不再仅仅是静态的历史，而是变得生动而有趣。

这种深度融合也使传统文化更好地融入了当代人的日常生活。通过移动应用等现代科技工具，用户可以在任何时间、任何地点参与虚拟展览，不再受限于实体场馆的时间和地点。这为更多人提供了了解和体验传统文化的机会，拉近了传统文化与现代生活的距离。

深度融合的另一方面是通过科技手段进行文创新。在虚拟展览中，科技为传统文化带来了全新的数字化表达方式，如数字艺术、交互式展示等。这样的创新不仅使传统文化焕发出新的艺术光彩，也吸引了更多年轻人的关注，推动了文创产业的发展。

（三）用户参与度的提升

1.移动应用中的用户参与度

用户参与度的提升不仅为传统文化传承创造了更有力的支持，同时也成为文创产业繁荣的推动力。随着用户在移动应用和虚拟展览等平台中的积极参与，文创产品逐渐成为文化市场中备受欢迎的产品之一，引发了文创产业的繁荣。

首先，用户参与度的提升推动了文创产品的需求增长。用户通过移动应用参与虚拟展览，互动设计，以及文创活动，使得传统文化在数字化时代得以更广泛传播。随着用户对传统文化的热情增加，对相应文创产品的需求也相应增长。这种需求的增加催生了更多具有创意性和独特性的文创产品，从而促使了文创产业的迅速发展。

其次，用户的积极参与激发了更多创意人才投身文创产业。随着文创产业的繁荣，越来越多的创意人才受到吸引，他们通过开发新颖的文创产品来满足用户的需求。这不仅提高了文创产业的竞争力，也为创意人才提供了更多的就业和发展机会。文创产业因此形成了一个良性循环，用户的参与成为推动这一循环的关键环节。

2. 促进文创产业的繁荣

用户参与度的提升在文创产业中发挥着至关重要的作用，不仅为传统文化传承提供了坚实的支持，而且成为文创产业繁荣的推动力。随着用户在移动应用和虚拟展览等平台中的积极参与，文创产品逐渐成为文化市场中备受欢迎的产品之一，引发了文创产业的繁荣。

用户的积极参与对文创产业的繁荣产生了多方面的影响。首先，用户参与度的提升推动了文创产品的需求增长。通过移动应用的虚拟展览、互动设计和文创活动，用户更加深入地体验传统文化，激发了他们对相应文创产品的浓厚兴趣。用户需求的不断增长催生了更多具有创意性和独特性的文创产品，推动了文创市场的拓展。

其次，用户的积极参与激发了更多创意人才投身文创产业。文创产业繁荣吸引了越来越多具有创新思维和设计才华的个体或团队。他们通过推陈出新、注入新元素，为用户提供更富有创意的文创产品，从而满足了不同层次用户的需求。文创产业因此形成了一个良性循环，用户的参与成为推动这一循环的关键环节。

3. 文化传承与社会参与的结合

用户参与度的提升促使了文化传承与社会参与的有效结合。通过用户在移动应用中的积极互动和分享，传统文化得以更全面、更深入地传承，同时也在社会中产生更为广泛的影响。

首先，用户在应用中的互动参与推动了传统文化的传承。通过移动应用中的互动设计、虚拟展览等形式，用户得以参与传统文化的学习和体验。这样的参与不仅提升了用户对传统文化的认知水平，还促使了文化元素在用户心中的深层次传承。用户通过亲身参与，更容易理解、体验传统文化的内涵，实现了文化传承的深入化。

其次，用户的分享行为促进了文化在社会中的更广泛传播。通过社交媒体等渠道，用户可以将在应用中的文化体验分享给更多的人，形成一个社会化的传播网络。这种分享不仅让个体的文化体验得以传播，还在社会中形成了一个集体的文化共鸣。这种社会参与扩大了传统文化的影响范围，使更多人有机会了解、关注并参与到文化传承的过程中来。

第六章

成功案例研究

第一节　数字化时代下成功推广的中华优秀传统文化项目

近年来，京剧 VR 体验项目崭露头角，作为新型文化体验方式，将京剧与虚拟现实技术融合，为传统文化在数字化时代的传承和创新提供了新途径。

一、京剧 VR 体验项目背景

（一）京剧艺术的数字化发展概述

京剧艺术作为中国传统文化的典型代表，以其精美的脸谱、服饰和醇厚的唱腔、韵味而闻名于世。进入 21 世纪，互联网技术的飞速进步和数字化潮流席卷全球，京剧艺术正面临着失传与萎缩的困境，如何紧跟数字化时代的潮流，在创新中保护、传承与发展京剧艺术的问题刻不容缓。

1. 当前京剧艺术发展传承的机遇与挑战

京剧艺术，作为一门古老的传统艺术，正面临着发展传承的至关重要时刻。政策层面的支持为其注入了新的动力。中央不断制定支持文艺发展的政策，特别是鼓励文化产品与科技进行融合，生产和传播创新型文化产品。这为京剧艺术提供了在数字时代创作出独特形式的机遇，同时也为其开拓新的传播渠道创造了可能性。

首先，随着科技的迅猛发展，京剧艺术也面临诸多挑战。科技的进步带来了多元文化和速食文化，对京剧艺术的传统生存方式和发展空间带来冲击。传统文化在面对新型媒体和消费习惯时，必须寻求更新的表达方式和传播途径，以更好地适应当代观众的需求。

其次，京剧艺术受众群体的老龄化趋势，以及影响力逐渐降低，传播方式的滞后和低效等因素，使得传承和发展面临更为严峻的挑战。老年观众占主导地位，而年轻一代的兴趣相对较低，这使得京剧艺术在保持传统底蕴的同时，也需要在表现形式和内容上进行创新，以吸引更广泛的受众。

最后，审美需求的提高也成为京剧艺术发展的一项考验。观众对于艺术表达形式和审美要求逐渐提升，传统的表演形式和叙事方式可能无法完全满足当代观众的期待。因此，京剧艺术在传承的同时，需要不断进行创新，使其更好地适应现代社会的审美趋势。

2.京剧数字化发展阶段

京剧数字化的发展可以划分为两个主要阶段，借鉴张红琼主编的《数字化的人类生存》一书中关于数字化的划分，即传媒的数字化和数字化传媒。在这个背景下，对于京剧数字化，我们可以将其分为京剧的数字化和数字化京剧两个不同的发展阶段。

首先，第一个阶段主要强调内容传播方式的数字化。这一阶段的特点是人们将京剧的各种内容，包括文献、资料以及音视频等，转化为数字化的文件，并通过网络进行广泛传播。这包括建立京剧艺术档案、京剧资源库和官方网站等。国内主要的京剧院团，如中国京剧院和北京京剧院，已经建立了专门的官方网站和社交媒体账号，如微博、抖音、快手等，通过互联网和社交媒体等数字手段传播京剧艺术，使其更加接近现代观众。

其次，目前仍然主要处于这一数字化传播的初级阶段。第二个阶段则涉及将互联网、虚拟现实（VR）、人工智能（AI）等新型数字技术手段应用于京剧创作的方面。在这个阶段，京剧艺术将与数字技术融合，呈现出更加互动性、交互性更强的表现形态。例如，数字虚拟京剧作为互联网媒体和数字虚拟技术的结合，以及京剧交互游戏、动漫、舞台剧、动画等京剧与科技结合的新形式，将为观众提供更为丰富、创新的京剧体验。

尽管数字技术的应用在舞台演出等方面仍处于探索阶段，原因既在于数字技术的不成熟，也受到京剧院团在人力、物力、财力等方面的限制。由于这些因素，数字化京剧在舞台演出中尚未成为常态。然而，随着技术的不断进步和对数字化需求的增加，数字化京剧在未来有望迎来更大的发展，为京剧艺术注入新的活力，拓展其表现形式和受众群体。

（二）京剧VR项目兴起与发展趋势

近年来，京剧 VR 体验项目迅速崭露头角，成为一种新型文化体验方式，通过将京剧与虚拟现实技术相结合，为传统文化在数字化时代的传承和创新开辟了全新的途径。这一项目的兴起不仅在全国范围内逐渐扩展，而且为京剧的推广和传统文化的创新注入了新的活力。

京剧 VR 体验项目的兴起主要受益于互联网技术的飞速发展和虚拟现实技术的日益成熟。通过虚拟现实技术，参与者能够以全新的方式沉浸式地感受京剧的表演艺术，使得传统文化更具现代感和吸引力。这种创新体验方式为京剧的推广提供了有力支持，使得更多人能够轻松接触和了解京剧，从而促进了京剧的传承。

项目的发展趋势主要体现在技术创新和文化传承的结合上。随着虚拟现实技术的不断进步，京剧 VR 体验项目有望实现更加高度的沉浸感和真实感，使参与者能够更好地融入京剧的艺术氛围中。同时，项目还有望拓展更多的互动性元素，让参与者不仅仅是观众，更是能够与京剧文化互动，参与其中。

京剧 VR 体验项目在全国各地的推广和应用也是未来的发展趋势之一。通过在不同地区举办活动和展览，将京剧 VR 体验项目引入各类文化活动中，可以更广泛地推动传统文化在数字时代的传播。这种全国性的推广将京剧 VR 体验项目从一个局部现象变成具有国家影响力的文化推广项目。

（三）数据京韵活动背景

在北京西城区安徽会馆的"数剧京韵"京剧数字传承与创意体验系列活动中，通过 VR 技术的应用，成功实现了参与者以全新方式感受京剧表演艺术的独特体验。这次活动不仅仅是一次简单的观演体验，更是一次成功的跨界文化与科技融合创新的范例。该活动的成功实施基于"数剧京韵"项目历经三年的积累，建立了京剧文化数字资产库，为京剧数字传承与创意体验奠定了坚实基础。

通过 VR 技术，活动让参与者能够沉浸式地感受京剧表演艺术，实现了在虚拟现实环境中体验传统文化的全新方式。这种技术的应用不仅拓宽了京剧的传播途径，也为观众提供了更加亲身、深度的参与感。通过数字化的手段，京剧这一传统文化得以在现代科技的框架下焕发新的活力。

这次活动突显了文化与科技的跨界合作，成功实现了两者的融合创新。借助 VR 技术，京剧的历史与传统与数字化时代相结合，呈现出新颖的文化形式。这种跨界合作不仅仅是为了吸引更多年轻观众，更是在不同领域间搭建了一座文化和科技的桥梁，为传统文化的数字化传承提供了有益的实践和探索。

关键在于该活动的背后有着数据京韵项目三年来的不懈努力，通过建立京剧文化数字资产库，为 VR 技术的应用提供了丰富的内容和资源支持。这种数字化的积累使得京剧这一传统文化能够更好地适应数字时代的潮流，为其在当代社会的传承和发展打下了坚实基础。

（四）活动背后的文化数字资产库

数据京韵项目背后的文化数字资产库，作为活动的核心支持系统，具有深刻的历史价值和文化资源，为京剧 VR 体验项目的成功开展提供了强大的素材和内容基础。这一数字资产库的建设不仅仅是对京剧传统魅力的数字还原，更是对传统文化历史的深度挖掘和数字化保存的卓越尝试。

首先，该数字资产库承载着京剧这一中华传统文化的丰富历史价值。通过深入挖掘京剧的根源、演变过程以及代表性作品，数据京韵项目构建了一个全面而系统的数字档案，使京剧这一传统艺术形式得以数字还原。这不仅为活动提供了高质量的文化素材，更是对京剧历史演变和文化内涵的珍贵记录。数字资产库中包含的京剧历史发展、脸谱设计演变、不同流派风格等多方面的资料，为京剧的传承提供了丰富的文化基础。

其次，数字资产库为京剧 VR 体验项目提供了极具创意的数字内容。通过对京剧传统元素的提取和重新构建，数字技术在文化数字资产库的支持下，创造出了独特的虚拟现实体验。观众可以通过 VR 技术穿越时空，沉浸式地感受京剧的表演艺术，这种全新的体验方式在数字资产库的支撑下得以实现。数字化的京剧元素，如脸谱、戏曲场景、传统音乐等，通过技术手段重新呈现，为活动带来了更为生动和引人入胜的互动体验。

最后，数字资产库在京剧文化的数字化保存方面发挥了关键作用。通过数字化手段，各类京剧文献、音视频资料、珍贵历史影像等得以有效保存和传承。这种数字存储方式不仅提高了文献档案的可访问性和传播性，还有效应对了传统文化资料因时间推移而逐渐腐化的问题。数字资产库的建设为京剧的长期保存和传承提供了一种先进而可行的方案，为保护和传承中国传统文化积累了宝贵的经验。

二、活动形式与内容呈现

（一）日间展览论坛

图 5-1　京剧主题民俗文物展览

在"盛世华章·戏如人生"活动中，日间展览论坛为观众提供了一个难得的近距离接触京剧主题民俗文物的机会，其中图 5-1 展示了京剧主题民俗文物的丰富内容。这一展览论坛通过呈现传统手工艺品以及白大成珍藏的京剧文物等多样展品，不仅强调了京剧与民众生活之间深刻的联系，更为京剧文化的传承提供了实质性的实物支持。

在图 5-1 中，观众可以欣赏到一系列传统手工艺品，这些艺术品以其独特的工艺和精湛的技艺展现了中国传统工艺的魅力。这些手工艺品可能包括但不限于传统的绣花、刺绣、木雕等工艺，通过这些展品观众能够感受到京剧文化深厚的历史底蕴。此外，展览论坛还突出了京剧文物的珍贵性，其中包括白大成先生的收藏。这一部分展品可能包括京剧演员的服饰、戏曲道具、脸谱等具有代表性的京剧元素，为观众呈现了京剧这一传统文化的多元面貌。

这样的展览论坛设计不仅在形式上为京剧文化创造了一个亲近、互动的空间，更在实质上加深了观众对京剧的理解。通过实物展示，观众得以亲身感受京剧与日常生活、传统手工艺等方面的深刻融合，从而更好地认识京剧在中国文化中的地位和作用。同时，展览论坛的丰富内容也为京剧文化的传承提供了具体的物质基础，为后续的京剧 VR 体验项目提供了历史文化的扎实支持。

这一日间展览论坛在"盛世华章·戏如人生"活动中的设置，不仅拓展了观众对京剧文化的认知，更促使了传统文化与当代生活的对话。通过呈现京剧主题的传统手工艺品和民俗文物，论坛为参与者提供了一个感性、视觉的京剧文化体验，为京剧这一传统艺术形式在当代社会的再传播和再认知开辟了新的可能性。

（三）多维沉浸式戏剧夜游体验

图 5-2　参与者用 VR 眼镜

在夜幕降临时，活动进入了另一场景——多维沉浸式戏剧夜游体验，如图5-2 所示，参与者穿戴 VR 眼镜，被带入一场引人入胜的京剧盛宴。这一夜间体验以沉浸式戏剧夜游为主导，借助先进的虚拟现实技术，为参与者创造了一次独特的京剧观赏体验。

通过 VR 眼镜，参与者仿佛穿越时空，置身于数字还原技术呈现的经典京剧表演之中。这不仅使参与者近距离感受京剧艺术家的精湛演技，更通过数字技术还原京剧盛世场景，呈现出京剧的独特魅力。VR 眼镜的应用使观众不再是简单的旁观者，而是能够深度融入京剧故事情境的亲身体验者。这种互动性和身临其境的感觉使得京剧这一传统文化得以在数字化时代焕发新的生机。

在夜间体验中，通过角色扮演的方式，参与者不再只是被动的观众，而是与专业演员一同参与，构建起一场视觉盛宴。这种互动性为京剧的传统表演注入了新的元素，使京剧这一传统艺术形式在数字技术的推动下焕发了新的创意和活力。参与者在这个虚拟的京剧舞台上能够感受到京剧盛世余韵的同时，也通过沉浸式体验更深入地理解京剧的文化内涵，使其在当代社会得到更广泛的传播和认知。

这一夜间体验不仅是对传统京剧的数字化创新，更是对观众审美需求的主动迎合。通过虚拟现实技术，参与者可以更直观地感受到京剧的视觉和听觉魅力，为京剧的传统表演形式赋予了更多的现代元素。这种夜游体验的设置不仅是京剧与科技的巧妙结合，更是文化传承与现代审美的完美契合，使京剧在数字时代找到了更为广泛的受众。

（三）技术手段与数字化体验

在活动中，运用了先进的虚拟现实（VR）、增强现实（AR）以及动作捕捉技术，为参与者创造了一场全方位的数字化体验。除了观赏京剧表演外，参与者还能通过这些技术手段进行数字化的脸谱勾画、动作学习等互动体验，使整个活动呈现出更为多样和趣味的特色。

通过VR技术，参与者得以沉浸式地感受京剧的表演艺术，仿佛置身于一个虚拟的京剧舞台。AR技术则为现实世界添加了数字化元素，使得参与者在真实环境中与虚拟京剧元素进行交互。动作捕捉技术进一步提升了互动性，使得参与者的动作能够被准确捕捉并在虚拟场景中呈现，从而实现更为真实和身临其境的体验。

特别是在数字化脸谱勾画和动作学习方面，这些技术手段为参与者提供了更深入的参与体验。通过数字技术，参与者可以亲自尝试绘制京剧脸谱，了解脸谱背后的文化寓意，从而更好地理解和体验京剧的艺术之美。动作学习则使参与者有机会模仿专业演员的经典动作，更深入地了解京剧表演的技巧和内涵，从而增加对京剧的欣赏和理解。

三、项目目标与愿景

（一）项目目标

京剧VR体验项目的目标旨在通过虚拟现实技术实现京剧艺术的传承与创新，具体体现在以下几个方面：

首先，项目致力于传承与创新。通过虚拟现实技术，项目将京剧这一博大精深的传统文化与现代科技巧妙结合，旨在实现京剧艺术的传承与创新。通过数字技术的应用，京剧得以以更为现代化的形式呈现，注入新的创意元素，使得这一传统艺术焕发出新的生命力。

其次，项目旨在提高公众参与度。通过京剧VR体验项目，让更多人了解和接触到京剧这一传统文化，从而提高公众对京剧艺术的认知度和参与度。通过虚拟现实技术，参与者能够沉浸式地感受京剧表演艺术，激发观众的兴趣，拉近京剧与大众之间的距离。

第三，项目旨在推广虚拟现实技术。将虚拟现实技术应用于文化领域，不仅是为了推动京剧的发展，更是为了推广虚拟现实技术在文化、教育、娱乐等领域的应用和发展。通过京剧 VR 体验项目，可以为虚拟现实技术在传统文化领域的推广提供成功案例。

第四，项目还着眼于提升文化体验。通过虚拟现实技术，为参与者提供全新的文化体验方式，使其能够以更直观、更生动的方式感受京剧的魅力。这种全新的体验方式有望吸引更多年轻观众，使传统京剧在数字时代焕发出更强大的影响力。

最后，项目也追求促进产业发展。通过推动京剧 VR 体验项目的商业化运作，可以促进相关产业的发展，如虚拟现实设备的制造、内容制作、文化旅游等。项目的成功运作将推动产业链的发展，为整个虚拟现实产业带来更多的商机。

（二）愿景

京剧 VR 体验项目的愿景是通过科技手段为京剧这一传统文化注入新的生机，使其更好地融入现代生活。项目的未来愿景包括以下几个方面：

首先，项目希望成为一种普及的文化体验方式。通过虚拟现实技术，京剧 VR 体验项目将京剧呈现为更为生动、沉浸式的体验，使得京剧能够跳出传统表演场馆的限制，走进更多人的生活。未来，我们期望京剧 VR 体验成为大众接触和了解京剧的主流方式，为传统文化的传承和发展注入新的动力。

其次，项目期望推动虚拟现实技术在文化领域的应用和发展。通过京剧 VR 体验项目的成功实践，我们希望能够引领虚拟现实技术在文化、艺术等领域的广泛应用。这不仅有助于提升传统文化的表现形式，还有望为虚拟现实技术在文化产业中找到更多的创新点，推动技术与文化的深度融合。

最后，项目的愿景还包括推动传统文化的传承与创新。通过结合京剧这一传统艺术形式与现代科技，项目力求不仅传承京剧的经典之美，同时创新出更多符合现代观众审美需求的演出形式。这将为传统文化注入新的活力，使之更好地适应数字时代的发展。

四、项目的受众群体

京剧 VR 体验项目的受众群体比较广泛，包括以下几类人群：

（一）京剧爱好者

京剧 VR 体验项目的主要受众群体首当其冲的是京剧爱好者。这一群体对京剧的传统韵味和表演艺术深感兴趣，其成员可能是长期关注京剧表演的狂热观众，或是对京剧历史、文化有深入研究的学者。京剧 VR 体验项目为这一群体提供了一种前所未有的创新体验方式，通过虚拟现实技术，他们得以更为沉浸式地感受京剧的表演艺术。这不仅包括传统的观赏表演，更有着参与互动体验的机会，从而能够更深入地理解和欣赏京剧的独特之处。项目所呈现的对京剧传统表演的数字还原更是为京剧爱好者献上一场珍贵的视听盛宴，有助于保护和传承京剧的经典之美。

京剧爱好者因其对京剧的独特喜好和深厚了解，可以通过京剧 VR 体验项目以一种全新的方式重新审视和体验这一传统艺术形式。不仅如此，项目还提供了互动性的环节，使京剧爱好者有机会参与其中，与虚拟京剧角色互动，进一步加深他们对京剧艺术的理解和热爱。这种数字化体验为京剧爱好者提供了更为丰富和深刻的文化互动体验，有助于激发他们对京剧传统艺术的更深层次的热情。

在京剧 VR 体验项目中，对京剧传统表演的数字还原是一项技术上的创新，通过虚拟现实技术的运用，将传统表演以高度还原的方式呈现在观众眼前。这对京剧爱好者而言是一次独特而珍贵的体验，他们可以在虚拟现实的世界里近距离感受到京剧的传统魅力。这种数字化手段的运用为京剧传统表演注入了新的生命力，同时也促进了京剧文化的现代传承，使京剧爱好者更好地融入数字化时代的文化体验中。

（二）年轻人

年轻人是京剧 VR 体验项目的另一重要受众群体。通过融合虚拟现实技术，使京剧更具现代感和时尚感，京剧 VR 体验项目有望吸引更多年轻人了解和接触京剧。年轻一代通常更倾向于数字化和互动性强的文化体验，而 VR 技术正是能够提供这样体验的理想工具。通过京剧 VR 体验项目，年轻人有机会以更有趣的方式体验传统文化，从而促使他们更加积极地参与到京剧的传承与创新中来。

年轻一代对于文化体验的需求更加多元化，他们寻求创新、互动和独特性。京剧 VR 体验项目通过数字化技术为京剧注入新的元素，使其更符合年轻人的审美和文化需求。项目通过虚拟现实技术打破了时间和空间的限制，为年轻人提供了在虚拟舞台上欣赏京剧的机会。这种创新的体验方式既符合年轻人的兴趣爱好，又能够激发他们对传统文化的兴趣，进而加深对京剧的理解和热爱。

京剧 VR 体验项目在内容和形式上均有着更为年轻化的设计，通过融合时尚元素、音乐、互动性强的体验，吸引年轻人投入其中。通过 VR 技术，年轻人可以在虚拟现实中感受到京剧表演的独特魅力，这种数字化的互动体验为年轻人提供了更加生动和个性化的文化享受。因此，京剧 VR 体验项目的推出为年轻人提供了一个融合传统与现代、具有创新性的文化体验平台，为京剧的传承与发展注入了新的活力。

通过京剧 VR 体验项目，年轻人得以以崭新的视角认识京剧，这对于传统文化的传承至关重要。年轻人通过数字化手段更容易接触到京剧，这种直观的体验有助于激发年轻人对京剧的兴趣，并可能在他们中间培养起对这一传统艺术的新的热爱。因此，京剧 VR 体验项目不仅仅是为了吸引年轻人，更是为了使他们成为京剧传承的积极参与者，将京剧这一宝贵的文化遗产传承给下一代。

（三）学生和教育工作者

学生和教育工作者是京剧 VR 体验项目的重要受众之一，这一群体有望通过项目深入了解京剧的历史、文化、表演艺术等方面。京剧 VR 体验项目不仅提供了一种全新的文化体验方式，还具备潜在的教育价值，使其成为生动而有趣的教学工具。

对于学生而言，京剧 VR 体验项目为他们提供了一个在虚拟环境中学习京剧的机会。通过数字化的方式呈现京剧的经典表演，学生可以在虚拟舞台上近距离观赏京剧的细节，感受表演的艺术魅力。这种沉浸式的学习体验有助于提高学生对京剧的兴趣，激发他们对传统文化的热爱。此外，京剧 VR 体验项目还可以作为课外拓展活动，为学生提供更为直观和生动的京剧学习资源，增强他们的文化修养。

对于教育工作者而言，京剧 VR 体验项目提供了丰富多样的数字资源，包括数字化的京剧表演、文化历史等，为课堂教学提供新颖的素材和案例。教育工作者可以通过项目中的数字化京剧资源，设计更富有创意和互动性的教学内容，提升学生学习京剧的兴趣和参与度。这种数字化的文化资源不仅有助于拓展传统课程内容，还能够引导学生深入了解和思考传统文化在当代社会中的地位和意义。

京剧 VR 体验项目在学生和教育工作者之间建立了一座数字桥梁，通过虚拟现实技术，使京剧成为校园教育的一部分。这不仅有助于推动传统文化的传承，也为教育工作者提供了更为灵活和创新的教学手段。

（四）游客

游客是京剧 VR 体验项目的重要受众之一，特别是在文化旅游景点、博物馆等地设立京剧 VR 体验区，可以吸引更多游客参与体验。京剧作为中国传统文化的瑰宝，对国内外游客来说具有独特的吸引力。通过虚拟现实技术，游客可以零距离感受京剧的魅力，这不仅为他们提供了一次全新的文化体验，也增加了他们对中国传统文化的深度体验和理解。

在文化旅游景点设置京剧 VR 体验区，为游客提供了一个与传统文化互动的机会。通过数字化还原的京剧表演，游客可以在虚拟空间中近距离欣赏京剧的经典，感受其中的历史沉淀和文化内涵。这种体验不仅满足了游客对传统文化的好奇心，也使他们更深入地融入京剧的世界中。通过虚拟现实技术，京剧的魅力得以在更广泛的受众中传播，为文化旅游景点注入新的活力。

此外，京剧 VR 体验项目还为游客提供了参与式的文化旅游体验。通过与虚拟京剧舞台互动，游客有机会参与到京剧表演中，体验京剧脸谱勾画、动作学习等互动活动，使他们更加深入地了解京剧的表演技艺。这种参与式的体验不仅增加了游客的互动性和娱乐性，还促进了对京剧传统文化的更全面认知。

因此，通过在旅游景点设置京剧 VR 体验区，可以有效地吸引游客，提升旅游景点的文化内涵，丰富游客的文化旅游体验。这一项目不仅满足了游客对传统文化的兴趣，也为文化旅游产业注入了新的元素，促进了传统文化在旅游领域的传播和传承。

第二节　案例分析与关键成功因素

京剧 VR 体验项目的关键成功因素包括以下几点：

一、技术实现的关键成功因素

（一）虚拟现实技术的硬件设备

1.VR 眼镜的关键成功因素

VR 眼镜是京剧 VR 体验项目中不可或缺的硬件设备之一。其成功的关键在于质量和性能的卓越表现。首先，硬件设备必须具备高清晰度的显示效果，以还原京剧的精细细节，使用户能够深度感受舞台上的每一个元素。其次，舒适的佩戴体验也是至关重要的，以确保用户长时间佩戴时不感到不适。同时，轻量化设计和调节功能的实现也是提高用户体验的关键因素。

2.交互设备的关键成功因素

除了VR眼镜，交互设备也是项目成功的重要组成部分。交互设备的质量和性能直接关系到用户与虚拟环境的互动体验。关键在于设备的精准度和灵敏度，确保用户的动作能够准确地传达到虚拟场景中，增加用户的沉浸感。此外，易用性和耐用性也是交互设备的重要考量，以提高用户的满意度和体验感。

（二）三维建模和动画制作技术

1.三维建模技术的关键成功因素

三维建模是数字还原京剧舞台和演员的基础。成功的三维建模技术需要具备高度的精确性和逼真感。首先，对京剧舞台的精准还原需要技术团队对京剧舞台结构、元素的深入了解，以确保数字化的还原不失真。其次，对于演员的三维建模，需要对京剧演员的面部特征、服饰进行准确刻画，以保持艺术表演的传统韵味。

2.动画制作技术的关键成功因素

动画制作技术是将三维建模转化为生动的虚拟表演的关键步骤。成功的动画制作需要流畅自然的动作表现，使得虚拟演员的动作更贴近实际京剧表演。同时，动画制作团队需要有对京剧表演艺术的深刻理解，以保持传统艺术的独特魅力。

3.技术团队的跨学科协作

三维建模和动画制作是涉及多个学科领域的复杂任务，需要技术团队的跨学科协作。艺术家、程序员、动画师等专业人员之间的有效沟通和协同工作是确保项目数字还原成功的关键因素。

（三）技术实现的稳定性和可靠性

1.技术实现的测试与优化

为确保项目在运行中保持稳定性和可靠性，技术团队需要进行全面的测试和优化。在项目发布之前，进行严格的硬件设备、三维建模和动画制作的测试，发现并修复潜在的问题，以提高项目的整体质量。

2.实时监控与故障处理

项目运行中需要建立实时监控系统，对硬件设备、三维建模和动画制作进行监测。一旦发现异常情况，需要有快速的故障处理机制，确保用户在体验过程中不受到干扰，保障高质量的京剧虚拟体验。

二、内容制作的关键成功因素

（一）三维场景的制作

1.精准三维场景制作的技术要点

精准的三维场景制作是京剧 VR 内容制作的核心环节。其关键在于对京剧舞台、背景等元素的深入理解和准确还原。首先，需要技术团队深入研究京剧舞台结构、道具摆放等方面，以确保数字还原的场景不仅仅是外观上的还原，更要反映出京剧独特的舞台艺术特色。同时，对光影效果的处理也是制作过程中不可忽视的因素，以保证虚拟环境更具真实感。

2.场景制作中的艺术与技术融合

成功的京剧 VR 项目需要实现艺术与技术的高度融合。在三维场景制作中，技术团队需要充分理解京剧舞台美学，将艺术要素融入技术设计中，以创造更有深度和层次感的虚拟场景。这需要艺术家和技术人员之间的密切协作，以确保数字还原既符合技术要求，又保留了京剧独有的艺术魅力。

3.场景制作的优化与性能平衡

在制作过程中，需要平衡场景的真实还原与性能要求。过于繁琐的场景制作可能导致性能问题，影响用户体验。因此，场景制作团队需要进行优化，利用先进的图形技术和算法，确保在提供高质量京剧体验的同时，保持系统的流畅性。

（二）角色建模技术

1.京剧演员的面部特征和服饰建模

成功的 VR 京剧体验项目离不开对京剧演员的准确三维建模。这包括对演员面部特征、神态表情的细致捕捉，以及服饰的真实还原。面部表情的真实性对于传达京剧演员的情感和表演风格至关重要，而服饰的精细建模则能够展现京剧的传统美学。

2.动作表现的自然流畅性

角色的动作表现需要具备自然流畅性，以使虚拟表演更贴近实际京剧表演。这涉及对京剧动作的深入研究，以捕捉演员独特的身体语言和动态美感。动作的准确还原需要技术团队在角色建模时考虑骨骼动画的细节，确保虚拟演员的动作更富有京剧的舞台感。

3.艺术家与技术人员的密切协作

在角色建模过程中，艺术家和技术人员之间的密切协作是确保成功的关键。艺术家对京剧表演的理解与技术团队的专业知识相结合，可以创造出更具表现力和感染力的虚拟演员，为用户提供更为深刻的京剧体验。

（三）交互设计

1.自然流畅的用户交互体验

成功的京剧 VR 体验项目需要确保用户能够流畅而自然地与虚拟环境互动。交互设计的关键在于创造自然流畅的用户体验，用户手势、动作等方面的设计需要贴近现实，使用户感到亲近和舒适。

2.交互设计的个性化与用户参与感

个性化的交互设计能够增强用户的参与感。根据用户的不同习惯和喜好，设计灵活多样的交互方式，使用户能够更好地融入虚拟京剧世界。这需要交互设计团队深入了解用户群体的特点，以提供更具个性化的体验。

3.技术可行性与用户友好性的平衡

交互设计既要保证技术的可行性，又要追求用户友好性。通过采用先进的交互技术，如手势识别、头部追踪等，提高用户与虚拟环境的互动感。但在引入新技术时，需要平衡技术的先进性与用户的易用性，确保用户可以轻松上手，不会因复杂的交互而感到困扰。

第三节　可借鉴的经验与教训

一、可借鉴的经验

（一）技术创新

1.融合京剧艺术与虚拟现实技术的创新路径

京剧 VR 体验项目的成功离不开对技术创新的深刻理解。通过将传统的京剧艺术与先进的虚拟现实技术相结合，项目在创新路径上取得了突破性进展。在技术实现方面，通过引入先进的 VR 眼镜、交互设备等硬件，提升了用户的虚拟体验感，实现了对京剧的全新呈现。这种技术创新不仅为传统文化注入了现代元素，也为京剧艺术的传承与创新提供了崭新的途径。

2.虚拟现实技术的不断突破与应用

在技术实现的过程中，项目充分利用了虚拟现实技术的最新进展。VR 眼镜的高清晰度、低延迟等特性，使得用户能够在虚拟京剧世界中获得更为真实的感官体验。交互设备的不断创新，如手势识别、头部追踪等技术的应用，更进一步提升了用户的参与感。这些技术上的创新为项目的成功打下了坚实基础。

3.技术可持续发展的战略规划

京剧 VR 体验项目的技术创新并非一时之功，而是需要不断迭代和更新。项目在技术可持续发展方面采取了战略规划，关注虚拟现实技术的前沿动态，积极参与技术社区，以确保项目在技术上始终保持领先地位。这种对技术发展的持续关注和投入，为京剧 VR 体验项目的长期成功奠定了基础。

（二）内容为王

1.三维场景制作的内容精湛

内容制作的核心在于场景的制作，而项目在这方面的内容制作凸显了京剧的精湛艺术。对京剧舞台、背景的精准还原，不仅仅是对外观的还原，更是对京剧舞台美学的深刻理解。通过技术团队和艺术家的协同努力，成功还原的三维场景使得用户仿佛置身于真实的京剧表演之中。

2.角色建模技术的艺术表达

角色建模技术的成功应用使得虚拟演员的形象更具京剧特色。对演员面部特征和服饰的准确建模，使得虚拟演员能够传递出京剧独有的情感和表演风格。这种对艺术表达的关注，使得内容更为生动和感染力十足，吸引用户深度参与。

3.交互设计的内容个性化

交互设计方面，项目注重根据用户的喜好和习惯，设计出灵活多样的交互方式。这种内容的个性化设计，使得用户在虚拟京剧体验中能够更好地找到自己的舒适点，增加了用户的互动体验。通过深入了解用户需求，内容制作团队成功创造了更具个性化的虚拟京剧世界。

（三）用户体验

1.设备舒适度的关注与优化

用户体验的良好与否直接关系到项目的可持续发展。项目在这方面着重关注虚拟现实设备的舒适度。对于 VR 眼镜的佩戴体验、设备的重量等因素进行优化，使用户能够更为舒适地长时间参与京剧体验。这种对用户感受的关注，提高了项目的用户满意度和忠诚度。

2. 交互设备易用性的提升

在用户体验方面，交互设备的易用性是一个关键因素。通过采用简单而直观的交互设计，用户能够更自然地与虚拟环境互动。技术团队在设计阶段考虑了用户的使用习惯，确保用户能够轻松上手，提高了整体的用户体验。

3. 用户反馈与持续改进

用户体验的改进不仅仅是一次性的，项目通过收集用户反馈，不断优化虚拟体验环境。这种持续改进的策略使得项目能够及时发现问题并解决，为用户提供更为优质的体验。通过建立反馈机制，项目保持了与用户之间的积极互动。

二、京剧 VR 体验项目的教训

（一）技术风险

1. 技术实现的挑战与不足

京剧 VR 体验项目在技术实现上面临的重要挑战主要凸显在硬件设备、三维建模和动画制作等关键方面。首要的挑战是确保虚拟现实技术所需的硬件设备在质量和性能上达到用户的期望水平。由于项目的成功与否直接关联到用户在虚拟体验中的感知，一旦硬件设备出现故障或者不稳定性，将直接影响用户的整体体验，甚至可能导致整个项目的失败。硬件设备包括 VR 眼镜、交互设备等，它们需要在长时间使用过程中保持稳定，确保用户在虚拟京剧体验中不受外界因素的干扰。

其次，项目面临的挑战还体现在对三维建模和动画制作技术的需求上。为了实现对京剧舞台和演员的准确还原，项目必须依赖高水平的技术支持。这方面的技术要求不仅仅包括对京剧舞台布景的准确建模，还需要对演员的三维建模和动画制作进行精准而生动地表达，以确保虚拟环境更为真实，从而增加用户的沉浸感。然而，由于技术人才有限的情况可能成为项目的瓶颈，因此，项目团队需要投入足够的资源培养和吸引高水平的技术人才，以保障项目在技术实现上的成功。

这些技术实现上的挑战和不足直接关系到京剧 VR 体验项目的长期发展和用户体验质量。因此，项目团队应该在技术研发和人才培养方面加大投入，不断提升硬件设备的稳定性和三维建模、动画制作等技术的水平，以确保项目在技术实现层面的可靠性和优越性，从而为用户提供更为真实、沉浸式的京剧体验，为项目的可持续发展奠定坚实基础。

2.技术实现的稳定性和可靠性问题

京剧 VR 体验项目在运行中必须保持技术实现的稳定性和可靠性，以确保用户在体验过程中不会遇到技术故障或延迟的问题。这一方面直接关系到用户的整体体验质量，另一方面也对项目的口碑和可持续发展产生深远影响。

技术实现的不稳定性可能导致用户流失，因为用户通常会对虚拟现实体验的连贯性和流畅性提出较高期望。当用户在使用 VR 眼镜和交互设备时，一旦出现技术故障、卡顿或者延迟，将直接削弱用户的沉浸感，降低他们参与的积极性。更为严重的情况是，用户可能因为不愉快的体验而选择放弃项目，对项目的口碑形成负面影响。因此，项目团队应当高度重视技术实现的稳定性问题。

为保障技术实现的稳定性和可靠性，项目团队可以通过不断优化技术细节来提高整体的系统性能。这可能包括对硬件设备的不断升级和改进，确保其在各种使用场景下都能够提供高质量的京剧体验。此外，对虚拟现实技术的软件优化也至关重要，以降低系统的延迟、提升图像质量和保障用户的平稳交互。项目团队应该建立起一套完善的技术测试和监控机制，及时发现和解决潜在的技术问题，确保项目在运行中始终保持稳定性。

3.技术可持续发展的不足

京剧 VR 体验项目在技术可持续发展方面存在一些不足，需要项目团队不断关注虚拟现实技术的发展趋势，以保持在技术上的竞争力。如果项目团队无法及时跟进新技术，可能导致项目逐渐落后，失去市场竞争力。这需要项目团队建立起对技术创新的敏感性，定期进行技术升级和更新，确保项目能够长期立足于虚拟现实领域。

在虚拟现实技术的快速发展和更新换代的环境下，京剧 VR 体验项目必须时刻保持对新技术的敏感性。虚拟现实技术的硬件设备、软件工具，以及相关的互联网技术都在不断演进，对项目的可持续发展提出了新的挑战。项目团队应当建立起一个敏锐的技术感知机制，通过参与技术会议、与行业专家保持紧密联系，了解虚拟现实领域的最新动态。

定期进行技术升级和更新是确保项目在技术上保持竞争力的关键举措。这包括对硬件设备的升级，采用最新的 VR 眼镜、交互设备等，以提供更为先进和舒适的体验。同时，对虚拟现实软件技术的升级也至关重要，以获得更高的图像质量、更低的延迟和更丰富的交互功能。项目团队需要积极参与虚拟现实标准的制定和更新，确保项目能够兼容和应用最新的技术标准。

在技术可持续发展的过程中，项目团队还应该注重技术人才的培养和引进。保持一个高水平的技术团队，不仅有助于项目及时应用新技术，还能够在技术创新和研发上具备更强的竞争力。通过建立合作关系，与科研机构、高校等保持密切联系，项目团队可以获取更多的技术资源和支持，提升在虚拟现实领域的创新能力。

（二）内容同质化

1.缺乏创新的内容设计

当前市场上的京剧 VR 体验项目普遍存在内容同质化严重的问题，主要表现在对京剧传统表演形式的简单复制，缺乏对虚拟环境创新的尝试。这种同质化现象严重制约了项目的发展和用户的体验，使得用户在不同的京剧 VR 项目中难以找到独特的体验感，降低了参与度和满意度。

京剧作为中国传统艺术的代表之一，其表演形式和艺术特色独具魅力。然而，当前的京剧 VR 体验项目普遍在内容设计上过于保守，往往只是简单地将传统的京剧表演搬到虚拟环境中，缺乏对虚拟现实技术的深度融合和创新运用。这导致了不同项目之间的内容高度相似，用户在参与多个项目时难以感受到新颖和独特的体验。

缺乏创新的内容设计不仅影响了用户的参与度，还限制了京剧 VR 体验项目在市场中的竞争力。用户往往希望在 VR 体验中获得更多的惊喜和新奇感，而同质化的内容设计无法满足这一需求。对于京剧这一传统艺术形式，虚拟现实技术应当被视为一个提升和拓展的工具，而不仅仅是表演形式的简单迁移。

2.需要注重深度挖掘京剧文化

项目的成功不仅取决于技术实现和内容制作的高水平，还需要注重深度挖掘京剧文化的内涵。通过对京剧表演、音乐、服饰等方面的深入研究，项目能够为用户呈现更为丰富和多样化的内容，使京剧 VR 体验更具深度和内涵。

首先，在京剧表演方面，项目团队可以深入挖掘京剧的传统表演技艺和艺术特色，通过虚拟现实技术还原京剧舞台的细节，包括舞台布景、灯光效果等，以呈现京剧独特的艺术氛围。通过对不同剧目、不同表演风格的研究，项目可以提供更具代表性的京剧表演，满足不同用户的需求。

其次，在音乐方面，深度挖掘京剧的音乐元素，包括器乐、唱腔等，可以为虚拟现实体验增色不少。通过高质量的音效技术，用户可以沉浸在悠扬婉转的京剧音乐中，增强整体的感官体验。项目团队可以与音乐专业人士合作，确保音乐的还原度和表现力。

最后，对京剧服饰的深入研究也是内容制作的重要一环。京剧服饰具有丰富的文化内涵，通过虚拟现实技术，可以还原精致的戏服细节，让用户在虚拟环境中近距离感受京剧演员的华丽装束，增加沉浸感和参与感。

除了对传统文化元素的还原，项目还可以在虚拟现实技术中加入互动元素，创造更具创意和趣味性的京剧体验。例如，用户可以与虚拟演员互动，学习京剧表演动作，或者参与虚拟舞台的互动演出。这种创新的设计能够吸引更广泛的用户群体，使京剧文化更具活力。

3.文化创意的融合

项目可以考虑与京剧艺术家、文化专家等进行深度合作，将传统京剧与现代文化创意相结合。通过跨界融合，创造独特而有吸引力的内容，使用户在虚拟京剧世界中体验到文化的碰撞和创新。

（三）推广难度

1.市场推广策略的单一性

目前京剧 VR 体验项目在市场推广方面存在单一性，主要依赖传统媒体和社交平台进行宣传，这种推广方式可能无法充分覆盖潜在用户，尤其是年轻人群体。为了更有效地推广项目，项目团队应该加强对数字营销和线上推广等新型方式的重视，以扩大项目的曝光度并吸引更广泛的受众。

首先，数字营销是一种强大的推广工具，可以通过搜索引擎优化（SEO）、社交媒体营销、内容营销等手段，在线上建立品牌知名度。通过利用互联网平台，项目团队可以更精准地定位潜在用户，制定个性化的推广策略，提高京剧VR 体验项目在数字化社会中的可见度。此外，利用数据分析工具进行用户行为分析，可以更好地了解用户需求，优化推广策略，提高用户参与度。

其次，线上推广也是不可忽视的一环。通过在各大在线平台、应用商店等渠道进行推广，项目可以直接触达用户，提高项目的下载量和用户体验。同时，通过与线上文化社区、在线娱乐平台的合作，将京剧 VR 体验项目与其他相关内容结合，拓展用户群体，提高用户粘性。

2.与文化机构、旅游景点等的合作不足

京剧 VR 体验项目的合作方面存在不足，项目可以通过与文化机构、旅游景点等建立更紧密的合作关系，将其融入更广泛的文化传播网络中，以推动项目的发展。合作关系的加强将带来多方面的好处，包括更多的展示机会、吸引更多目标用户以及提升项目的知名度和影响力。

首先，与文化机构的合作可以为京剧 VR 体验项目提供更多的文化资源和专业支持。合作的文化机构可以为项目提供京剧表演的专业性和深厚底蕴，同时协助建立数字资产库，为项目提供丰富的文化素材。这样的合作将有助于提升京剧 VR 体验项目的质量和文化内涵，使其更具艺术性和观赏性。

其次，与旅游景点的合作可以将京剧 VR 体验项目融入旅游体验中，吸引更多游客参与。通过在旅游景点推广项目，游客可以在虚拟环境中体验京剧，增强他们的文化体验和旅游记忆。这种合作方式有助于扩大项目的受众群体，提高用户参与度，并在旅游业中建立项目的品牌形象。

最后，与其他文化创意产业的合作也是一个值得考虑的方向。通过与艺术家、设计师、文创企业等的深度合作，可以为项目注入更多创新元素，创造独特而有吸引力的内容。这样的跨界合作不仅有助于项目的文化创意融合，还能够吸引更广泛的受众，提高项目的市场竞争力。

第 七 章

结论与展望

第一节　主要研究发现总结

一、推广模式的有效性

（一）传播速度与广泛覆盖面

在当今数字化时代，社交媒体和数字平台扮演着至关重要的角色，成为中华传统文化推广的不可或缺的关键渠道。社交媒体以其高速的信息传播和广泛的受众覆盖面，为推广者提供了更为迅速、直接的传播途径，使中华传统文化的信息能够以即时的方式迅速传递给广大受众。这种即时性的传播机制有效地加速了文化元素在社会中的传播速度，引起了更为广泛的公众关注。

社交媒体作为信息传播的主要渠道之一，其高速度的传播机制使得推广者能够以实时的方式与受众进行互动。通过在社交媒体平台上发布中华传统文化的内容，推广者可以在短时间内触达大量用户，实现信息的迅速传播。这种传播速度的提升为中华传统文化在数字时代的推广注入了新的活力，使得更多人能够迅速了解和感受到传统文化的魅力。

同时，社交媒体的广泛受众覆盖面为中华传统文化的推广提供了更为广泛的传播渠道。不同年龄层、地域和兴趣爱好的人群都在社交媒体平台上有所涉猎，因此，通过这些平台传播的文化信息能够涵盖更广泛的受众群体。推广者在社交媒体上发布的内容可以迅速传播到各个角落，无论是城市还是乡村，无论是年轻人还是老年人，都有可能接触到中华传统文化的推广信息。这种广泛受众的覆盖面使得文化传播更具包容性和普及性，有助于中华传统文化在社会中获得更广泛的认同和支持。

（二）数字平台的多样性

数字平台的多样性为中华传统文化的推广注入了丰富的创意和灵活性，为推广者提供了多种工具和手段，以满足不同层次受众的需求。通过数字平台，中华传统文化可以以多种形式展现，包括视频、音频、图像等多媒体形式的展示，为推广者提供了更为生动、富有创意的推广内容。

首先，数字平台的视频展示成为一种重要的推广手段。通过制作富有艺术感和教育性的文化视频，推广者能够将中华传统文化以更具吸引力的方式呈现给受众。视频形式具有生动直观的特点，能够通过图像、声音、文字等多重媒体元素，将传统文化的内涵生动地展示出来，使受众更容易理解和接受。例如，可以制作关于传统手工技艺、历史传承的纪录片，通过具体案例展示中华传统文化的博大精深，引发观众的浓厚兴趣。

其次，音频形式的数字展示也为推广提供了新的可能性。通过音频节目、播客等形式，推广者可以通过声音的传达方式，深入讲解中华传统文化的历史、故事和背后的文化内涵。音频形式有助于打破时空的限制，使受众在听觉上能够更加沉浸于传统文化的魅力之中。例如，可以制作讲述传统故事、传统音乐欣赏等音频内容，以更贴近人们日常生活的方式传达文化信息。

最后，数字平台的图像展示也是推广者借助的有力工具。通过图像的展示，推广者可以通过图片、图表、漫画等形式，直观地呈现中华传统文化的方方面面。图像形式更容易引起视觉的冲击，激发受众的兴趣，为文化的传播提供更为生动的视觉体验。例如，可以通过图像展示传统服饰、传统建筑、传统绘画等，让受众通过视觉感受传统文化的独特之美。

二、技术应用的成效

（一）虚拟现实的身临其境体验

数字技术在中华传统文化推广中的广泛应用引入了全新的推广成效，其中虚拟现实技术的成功运用成为突出亮点。虚拟现实的身临其境体验为用户提供了一种前所未有的传统文化感知方式。通过戴上虚拟现实头戴设备，用户可以仿佛穿越时空，置身于传统文化的真实场景中，感受历史的沉淀和文化的丰富内涵。

这种全新的体验方式打破了传统推广的时空限制。传统文化的推广常受到地理位置和实际参与的制约，但虚拟现实技术的成功应用消解了这些限制。用户可以随时随地通过虚拟现实技术体验传统文化，无需亲临现场。这种去除时空限制的特性为更多用户提供了参与的机会，也为传统文化的广泛传播提供了可能性。

虚拟现实技术的应用不仅仅是简单的信息传递，更是一种身临其境的文化感知。用户在虚拟环境中可以自由行走，与虚拟场景进行互动，深度感受传统文化的魅力。例如，用户可以在虚拟的古代庙宇中漫步，近距离欣赏传统艺术表演，或者亲身体验传统手工艺的制作过程。这样的沉浸式体验不仅使用户更加深刻地理解传统文化，还激发了他们更强烈的文化认同感。

虚拟现实技术的成功运用为中华传统文化推广注入了新的活力。通过创造真实感十足的虚拟场景，用户可以在数字化的世界中体验到传统文化的丰富内涵。这种全新的推广手段既吸引了年轻一代对传统文化的关注，也为更广泛的受众提供了便利的文化体验途径。虚拟现实技术的应用不仅为传统文化推广注入了创新元素，同时也为数字技术在文化传承中的深度融合提供了有益范本。

（二）人工智能的智能化服务

人工智能（AI）在中华传统文化推广中的应用为推广活动带来了更为智能化和个性化的服务。通过充分利用人工智能技术，推广者能够实现对用户需求的深入理解，从而提供定制化的文化推广内容，从根本上增加用户的参与度。这一智能化服务的实现不仅使传统文化的推广更具针对性，也为用户提供了更为丰富和符合个性需求的文化体验。

在智能化服务中，人工智能技术的核心应用之一是基于用户兴趣和反馈的个性化推广内容提供。通过分析用户的浏览历史、搜索记录和行为反馈，推广者可以利用 AI 算法实现对用户兴趣的精准把握。这种个性化的文化推广内容不仅更容易引起用户的兴趣，也提高了用户与传统文化的互动深度。通过为用户提供符合其个人兴趣和需求的内容，人工智能在推广中发挥了积极的作用，实现了文化推广的个性化服务。

语音识别技术是人工智能在文化推广中的又一关键应用。通过语音识别技术，推广者可以实现更为自然和便捷的文化解说。用户可以通过语音与系统进行互动，获取更为直观的文化信息，而无需通过文字输入。这种语音交互方式使文化解说更贴近用户日常生活，提高了用户的使用便捷性，同时也为推广者提供了更为灵活的推广手段。

图像识别技术的应用为文化推广增添了更多可能性。通过分析用户拍摄的照片或上传的图像，人工智能可以识别其中的文化元素，并为用户提供相关的文化解说和互动体验。这种图像识别的智能服务不仅拓展了传统文化推广的互动方式，也使得用户在实际场景中更容易获取文化信息。例如，用户在参观博物馆时拍摄的文物照片可以通过图像识别技术得到详细的历史背景和文化解读，增强了用户在实地参观中的文化体验。

（三）移动应用的便捷传播

移动应用的普及为中华传统文化的传播提供了便捷而灵活的途径。随着移动设备的广泛普及，用户可以在任何时间、任何地点通过移动应用获取传统文化的丰富信息。这种广泛使用的移动应用不仅为文化传播提供了新的渠道，也为推广者提供了更为直接、高效的互动手段。

移动应用的便捷性在于它消除了传统文化推广中的时空障碍。用户无需亲自到达博物馆或参与传统文化活动，只需打开手机应用，即可随时随地进行文化学习和体验。这种去除时空限制的特性使得更多用户能够方便地接触到中华传统文化的精髓，打破了传统推广的地域限制，使文化传播更加广泛而普及。

推广者通过深入挖掘移动应用的功能，可以设计更为便捷和易用的文化传播工具。例如，结合地理定位技术，推送附近传统文化活动的信息；利用社交分享功能，增加用户传播文化的参与度。通过巧妙运用移动应用的功能，推广者可以更加精准地触达目标受众，提高用户参与度和黏性，从而实现更为有效的传统文化推广。

移动应用的广泛使用为传统文化推广带来了更为直接的传播途径。推广者可以通过应用内的推送、通知等方式及时传递文化活动信息，引导用户参与互动。同时，移动应用也提供了丰富的媒体形式，包括图文、音频、视频等，使得传统文化的表达更加多样化。这种多媒体形式的传播方式既满足了用户对信息的多样化需求，也提升了用户对传统文化的深度理解。

第二节 对数字化时代中华优秀传统文化推广的启示

一、创新推广模式的重要性

本研究深入剖析了推广模式在中华传统文化数字化推广中的有效性，并强调了创新推广模式在这一背景下的重要性。在数字化时代，社会信息传播的速度加快，用户获取信息的途径更加多样化，因此，传统的文化推广方式面临着新的挑战。为应对这一变革，推广者需要不断寻求创新，以保持推广活动的新颖性和吸引力。

数字化时代中，新兴科技和社会趋势的不断涌现对文化推广提出了更高的要求。通过深入研究和灵活运用新科技，推广者可以更好地把握用户需求和行为变化，从而调整和更新推广策略。例如，社交媒体和数字平台的兴起使得传统文化可以通过更直接、更广泛的方式传播，推广者可以通过这些平台与受众进行更为紧密的互动。

创新推广模式的重要性在于保持推广活动的与时俱进。数字化时代变革迅速，推广者需要紧跟时代潮流，及时调整推广模式以适应不断变化的市场需求。通过引入新的推广手段，如虚拟现实、人工智能等技术，推广者可以更深入地挖掘传统文化的内涵，使推广活动更具创意和吸引力。

最后，创新推广模式还有助于吸引年轻一代的关注。随着社会结构的变化，年轻一代成为文化传承的重要对象。通过采用符合他们消费习惯和接受程度的创新推广模式，可以更好地激发他们对传统文化的兴趣，实现文化传承得更好延续。

二、加强跨界合作的战略意义

加强跨界合作在中华传统文化数字化推广中具有战略性的重要意义。合作不仅为传统文化注入新的元素，使其更好地适应当代社会，同时也创造了更具吸引力的推广内容，推动了文化传承与创新的融合。这一战略性举措在多个层面上为推广活动带来了显著的优势，从而实现了传统文化的更广泛传播。

跨界合作为传统文化带来新的元素，将其与其他领域进行有机融合。通过与艺术、科技、娱乐等领域的合作，传统文化得以在推广活动中展现更多元化、创新化的特质。例如，与当代艺术家合作可以创造出融合传统与现代元素的艺术品，以引起年轻一代的兴趣。跨界合作使得传统文化不仅仅停留在传承，更能够在创新中绽放新的魅力。

另一方面，跨界合作扩大了传统文化的传播渠道。通过与不同领域的合作伙伴共同推广，传统文化可以在更广泛的平台上得到呈现。例如，与科技公司合作推出的虚拟现实文化体验项目可以通过数字平台直接触达全球受众，提高文化传播的覆盖面。这种多渠道传播为传统文化在数字化时代中的推广提供了更为广泛的可能性。

　　跨界合作为推广者提供了更多的资源和支持。与不同领域的合作伙伴携手，推广者可以借助其专业知识、技术实力和市场资源，提升推广活动的水平和效果。例如，与科技公司合作可以借助其先进的技术手段，为推广活动注入创新元素，提升用户体验。这种资源共享的合作方式不仅提高了推广活动的效益，也为推广者在数字化时代中更好地应对挑战提供了有力支持。

第三节　展望未来

一、技术创新的趋势

（一）新兴技术的应用前景

　　随着数字技术的迅速发展，未来将会涌现更多的新兴技术，其中包括增强现实（AR）、虚拟现实（VR）、区块链等，这些技术有望为中华传统文化的推广带来更为广阔的前景。首先，增强现实技术作为一种前沿技术，将能够为用户提供更加沉浸式的文化体验，为传统文化的推广注入新的活力。

　　增强现实技术的应用前景在于其能够将虚拟信息与现实场景融合，创造出更为丰富、直观的文化体验。通过 AR 技术，用户可以通过智能设备观看现实场景中的传统文化元素，如古建筑、传统艺术表演等，并在屏幕上叠加相关的虚拟信息。这种沉浸式的体验方式既使用户更深入地了解传统文化，同时也激发了他们对文化的兴趣和参与度。

　　其次，虚拟现实技术作为数字技术的又一重要方向，也为中华传统文化的推广提供了广阔的可能性。虚拟现实技术通过为用户创造一个完全虚拟的环境，使其能够在数字空间中亲身体验传统文化。用户戴上虚拟现实头戴设备，便能够仿佛置身于传统文化场景，感受到传统文化的独特魅力。这种全新的体验方式打破了传统推广的时空限制，为用户提供了更为深刻的文化感知。

　　再次，区块链技术的应用也为传统文化的数字化推广带来了创新机遇。区块链作为一种去中心化的分布式账本技术，可以用于文化内容的版权保护和溯源。通过将文化作品的信息记录在区块链上，可以有效防止盗版和篡改，保障文化创作者的权益。此外，区块链还可以构建文化数字资产的交易平台，促进文化内容的流通和交换。

最后，新兴技术的应用前景不仅在于提供新的体验方式，更在于拓展传统文化的传播渠道。这些技术的广泛应用使得传统文化可以通过多样化的数字平台直接触达全球受众，突破地域和语言的限制，实现文化传播的全球化。

（二）科技与创意的结合

在未来的数字化时代，成功的传统文化推广离不开推广者对技术发展趋势的敏锐洞察和对新技术的积极采用。这样的趋势下，科技与创意的结合将成为传统文化推广模式的主要特征。首先，推广者需要紧密关注科技的发展趋势，特别是那些能够为传统文化推广带来创新性和前瞻性的新技术。

在数字化时代，科技的发展影响着文化传播的方方面面。首先，推广者可以通过社交媒体和数字平台等渠道积极参与互动，借助先进的技术手段提高传播效果。其次，推广者需要关注虚拟现实、增强现实等技术的应用，以创造更为身临其境的文化体验。这种技术的应用不仅可以打破时空的限制，使用户在虚拟世界中深度体验传统文化，同时也提高了推广活动的吸引力和趣味性。

其次，科技与创意的结合要求推广者不仅要善于运用技术手段，还要具备创新思维。例如，可以通过数字化艺术展览、虚拟演出等形式将传统文化元素注入当代艺术中，创造出富有创意和现代感的推广内容。这种创意的结合有助于吸引年轻一代观众，使他们更加愿意接触和参与传统文化的推广活动。

再次，推广者需要思考如何利用人工智能等技术实现个性化推广。通过分析用户的兴趣和行为数据，推广者可以提供个性化的文化推广内容，提高用户的参与度和体验感。这种个性化推广不仅能够更好地满足用户的需求，还能够增加推广活动的精准性和效果。

最后，在数字化时代，推广者需要不断思考如何将传统文化与新技术有机结合，使中华传统文化在数字时代焕发更为夺目的光芒。通过科技与创意的巧妙结合，传统文化推广不仅能够更好地适应当代社会的需求，也能够吸引更广泛的受众，实现传统文化在数字时代的传承与创新。这一结合的理念为推广者提供了广阔的实践空间，同时也为数字化时代中文化传承的未来指明了方向。

二、跨文化交流的深化

（一）通过文化对话促进互鉴

在推动中华传统文化在全球传播的过程中，深化跨文化交流通过文化对话的方式显得尤为关键。首先，推广者需要认识到文化对话的重要性，努力搭建不同文明之间的桥梁，促使互鉴成为文化传播的主要特征。这一理念体现了在数字化时代中推动文化传承的迫切需求，有助于实现文化的深度交流。

跨文化对话的首要目标是促进文明之间的互鉴。通过与其他文化进行对话，中华传统文化有机会融合吸纳其他文明的精华，形成新的文化价值。例如，通过在国际文化节上展示传统艺术、文学、音乐等元素，中华传统文化可以借助其他文化的平台，使更多的人了解和喜爱中华传统文化，推动文明间的互相学习与借鉴。

其次，文化对话有助于提高中华传统文化在国际上的知名度。通过积极参与国际性文化活动、展览、交流等，中华传统文化能够更广泛地走向世界舞台。推广者应通过建立国际性的文化合作与交流平台，使中华传统文化在国际上获得更多的关注与认可，进而拓展其在全球的影响力。

再次，文化对话有助于促进不同文化之间的理解与尊重。在文化传播的过程中，推广者需要强调共同点，尊重差异，建立相互尊重的文化交流模式。通过文化对话，人们能够更好地理解不同文化的背后含义和内涵，从而促进文化的和谐共存。

最后，推广者应在文化对话中注重策略与方法的选择。采用开放包容的态度，接纳其他文化的长处，同时注重中华传统文化的特色，通过巧妙的文化对话方法，使传统文化在国际舞台上更具竞争力。此外，推广者还可以借助先进的科技手段，如虚拟展览、在线文化交流平台等，推动文化对话的深入开展。

（二）跨文化推广项目的多元发展

在未来，我们期待看到更多跨文化推广项目的涌现，这些项目不仅要紧紧围绕中华传统文化展开，还应该巧妙地融入当地文化，使传统文化在与其他文化的对话中更好地适应和融合。这样的多元发展不仅有助于拓宽传播渠道，还能够使中华传统文化在全球范围内更为广泛地传承与弘扬。

首先，跨文化推广项目应该以中华传统文化为核心，通过与当地文化的有机结合，创造出更具包容性和吸引力的推广内容。例如，可以在传统文化节庆中融入当地的民俗元素，举办具有本土特色的文化活动，使得传统文化更贴近当地观众，增加他们的参与度和兴趣。

其次，跨文化推广项目要注重与其他文化的深度合作，通过与外部合作伙伴建立紧密的关系，实现资源共享与互补。这种合作可以包括文化机构、艺术团体、国际性文化组织等，通过共同努力推动中华传统文化在不同文化背景中的传播。这种多元发展模式有助于形成推广项目的综合力量，使其更具影响力和持续性。

再次，跨文化推广项目应当充分利用数字技术和在线平台，建立全球性的传播网络。通过在互联网上开展虚拟展览、在线文化交流等活动，可以将中华传统文化带到世界各地，让更多人能够方便地了解和体验传统文化。数字化手段的运用还能够带来更直观、多样化的文化呈现方式，吸引更多年轻人参与。

最后，跨文化推广项目需要注重培养专业人才，建立有关跨文化传播的研究与交流平台。通过开展研讨会、学术讲座等活动，促进不同国家和地区的文化研究者、推广者之间的交流与合作。这样的多元发展模式不仅有助于提高推广者的专业水平，也能够促进中华传统文化在全球范围内的更为深入的传播。

参考文献

[1] 朱安群，徐奔．周易 [M]．青岛：青岛出版社，2011：5-7.

[2] 刘兆伟，译注．论语 [M]．北京：人民教育出版社，2015：15-17.

[3] 吴天明，程继松，评析．孟子 [M]．武汉：崇文书局，2004：205-207.

[4] 郭齐勇．中国古典哲学名著选读 [M]．北京：人民出版社，2005：28-30.

[5] 王春瑜．明清史杂考 [M]．北京：商务印书馆，2016：326-327.

[6] 崔高维，校点．礼记 [M]．沈阳：辽宁教育出版社，2000：223-224.

[7] 廖名春，校点．周易 [M]．沈阳：辽宁教育出版社，1997：3-5.

[8] 李耳．道德经 [M]．北京：中国纺织出版社，2007：163-164.

[9] 孟达，周建新．社会参与视角下人工智能传播中华优秀传统文化的机遇与路径 [J]．福建论坛：人文社会科学版，2021（6）：41-47.

[10] 李慧．浅析人工智能时代背景下的民间传统文化的继承与发展 [J]．中国文艺家，2019（6）：104-105.

[11] 韩林珊．人工智能在传播中华传统文化中的应用与思考 [J]．科技传播，2020，12（7）：146-147，150.

[12] 华锐东智．华锐藏区服饰的历史渊源及艺术特色 [J]．西北民族大学学报（哲学社会科学版），2001（3）：66-72.

[13] 安灵芝．华锐藏族服饰文化研究：以天祝藏区为例 [D]．北京：中央民族大学，2011：1-3.

[14] 华锐吉．华锐藏族女性服饰及其文化特征 [J]．西藏研究，2013（1）：115-120.

[15] 苗青．新零售供应链的数字化研究 [D]．合肥：安徽大学，2019（1）：43-45..

[16] 杨林燕．闽西客家传统音乐类非物质文化遗产数字化保护与传承研究 [J]．地域文化研究，2020（6）：83—89，149.

[17] 罗学科，谢丹．一带一路背景下高等教育国际化的思考与探索 [J]．北京

教育：高教版，2017，（12）：14-17.

[18] 徐丕文，邹小雨. 网络时代高等教育教学方式的改革研究 [J]. 国家教育行政学院学报，2014，（12）：35-38.

附　录

附录一　传统文化推广调查问卷

尊敬的受访者：

您好！感谢您参与我们的传统文化推广调查。您的宝贵意见对于我们更好地了解受众需求，制定更符合期望的推广方案具有重要意义。请您耐心填写以下问题，并基于您真实的看法进行回答。

1.您对传统文化的兴趣程度如何？（请打分，1为不感兴趣，10为非常感兴趣）

2.您更倾向于哪种形式的传统文化推广活动？（例如：展览、演出、互动体验等）

3.您在参与传统文化推广活动时更注重哪方面的体验？（例如：学习、互动、娱乐等）

4.您认为目前的传统文化推广方式是否足够吸引人？如果不够吸引，您希望看到哪些改进？

5.您平时在哪些平台上获取文化信息？（例如：社交媒体、线上平台、传统媒体等）

6.您对于数字化推广方式（例如：虚拟现实、数字展览）的看法如何？

7.您是否愿意参与在线社群，与其他对传统文化感兴趣的人进行交流与学习？

8.您希望传统文化推广活动具备哪些互动性元素？

感谢您的配合！您的意见对于我们更好地开展传统文化推广工作至关重要。如有其他建议或想法，请在下方留言：

_____

_____

_____

_____

再次感谢您的参与!

附录二　用户满意度调查问卷

尊敬的用户,感谢您参与本次用户满意度调查。您的宝贵意见对我们改进传统文化数字化推广活动至关重要。请您认真回答以下问题,并在适当的地方提供具体的意见。所有的答案将被保密,只用于内部分析。

(一)个人信息(可选填):

1.姓名:_____

2.年龄:_____

3.性别:( )男 ( )女

4.职业:_____

5.地区:_____

(二)数字推广内容满意度:

1.对我们提供的传统文化数字推广内容的整体满意度如何?（请在以下选项中选择一个）

非常满意□

满意□

一般□

不满意□

非常不满意□

2.请您对数字推广内容中的具体项目或主题进行评价,包括您认为做得好的方面和需要改进的方面。

（三）互动方式评价：

1.您认为数字推广活动中的互动方式是否能够吸引您的参与？（请在以下选项中选择一个）

非常吸引□

吸引□

一般□

不吸引□

非常不吸引□

2.请说明您对互动方式的感受，是否有建议或期望的改进方向？

_____

（四）数字平台体验感受：

1.在数字平台上浏览传统文化推广内容时，您对平台的整体体验感受如何？（请在以下选项中选择一个）

非常好□

好□

一般□

差□

非常差□

2.您认为平台在哪些方面做得好，有哪些方面需要改进？

_____

（四）其他意见和建议：

请分享您对本次数字化推广活动的其他意见和建议，包括您认为需要加强的方面或您期待看到的新内容。

_____

_____

_____

感谢您的配合和参与！我们将认真聆听您的声音，为提升传统文化数字化推广活动的质量而努力。